传统武术文化的传承与可持续发展研究

尹燕强◎著

中国原子能出版社

图书在版编目（CIP）数据

传统武术文化的传承与可持续发展研究 / 尹燕强著
. -- 北京 ： 中国原子能出版社，2023.4
ISBN 978-7-5221-2665-4

Ⅰ．①传… Ⅱ．①尹… Ⅲ．①武术－传统文化－文化
研究－中国 Ⅳ．① G852

中国国家版本馆 CIP 数据核字（2023）第 071488 号

传统武术文化的传承与可持续发展研究

出版发行	中国原子能出版社（北京市海淀区阜成路 43 号　100048）	
责任编辑	杨晓宇	
责任印制	赵　明	
印　　刷	北京天恒嘉业印刷有限公司	
经　　销	全国新华书店	
开　　本	787 mm×1092 mm　　1/16	
印　　张	12.75	
字　　数	221 千字	
版　　次	2023 年 4 月第 1 版	2023 年 4 月第 1 次印刷
书　　号	ISBN 978-7-5221-2665-4	**定　价**　72.00 元

在数千年的发展历程中，传统武术逐步发展成为内容丰富、具有浓厚文化色彩的体育形态。武术作为中华优秀的民族传统体育项目，在社会不断变革和文化思潮的影响下已发生了翻天覆地的变化，武术活动由原来只注重身体运动转变为一个内涵丰富、形式多样且富有艺术气息的活动，已经成为当代体育武术专业研究的新课题。这其中既蕴含着中国优秀的民族精神，而且还携带着中国的思想文化。在这种形势下，如何传承和发扬传统武术文化也对中国传统文化提出了新要求。传承和发扬武术文化，就是将中华民族用肢体语言表现出的身体符号记录下来，这对于彰显中国和谐社会、和谐体育是一个重要举措。因此，对中华民族传统武术文化的继承和发扬、对当代体育文化事业的发展具有重要意义。

本书第一章为中国传统武术概述，主要介绍了传统武术的概念、传统武术的发展历程、传统武术的流派与特点和传统武术的实用价值与文化价值四个方面的内容。本书第二章为中国传统武术的动作精髓，主要介绍了手形手法、步形步法、肩臂动作、腿部动作、平衡与跳跃动作、跌扑滚翻动作、基本动作的组合和武术运动的形式八个方面的内容。本书第三章为中国传统武术文化的内涵，主要从中国武术与中国美学文化、中国武术与中国伦理道德文化、中国武术与中国传统艺术以及中国武术文化和西方竞技体育文化的对比四个方面为出发点阐述中国武术文化的内涵。本书第四章为中国传统武术文化传承与发展理论，主要阐述了传统武术文化传承体系的构成、传统武术文化发展现状与困境、传统武术教育中的文化传承，以及传统武术文化的创新发展策略四个方面的内容。本书第五章是中国武术文化的产业化发展，主要从武术产业概述、武术文化产业化发展研究现状分析和武术文化产业运作与管理三个方面内容展开论述。本书第六章为中国武术文化生态可持续发展体系的构建，主要介绍了加强武术课程教学体系建设、加强武术训练与竞赛体系建设，以及加强武术人才体系建设三方面内容。

在撰写本书的过程中，笔者得到了许多专家学者的帮助和指导，参考了大量的学术文献，在此表达真诚的感谢。本书内容系统全面，论述条理清晰、深入浅出，但由于笔者水平有限，书中难免会有疏漏之处，希望广大读者批评指正。

目 录

第一章 中国传统武术概述

中华武术源远流长，有着悠久的历史和广泛的群众基础，是中华民族在长期生活与斗争实践中逐渐积累和发展起来的一项宝贵的文化遗产。本章主要介绍了传统武术的概念、传统武术的发展历程、传统武术的流派与特点和传统武术的实用价值与文化价值四个方面的内容。

第一节 传统武术的概念

一、传统武术的定义及内容

（一）传统武术的定义

传统武术起源于中国，是中华优秀传统文化的重要组成部分。对传统武术的发展历程进行研究，也是在对中国数千年的文化发展史进行研究。传承和发扬武术文化，对传播中国优秀的民族文化和促进中西方文化交流具有重要意义。

对传统武术的定义不胜枚举。有的人认为武术产生于农耕文明时期，主要以练习套路、招式、功法为主，靠师徒传承，重点强调人的击技能力。有的人认为传统武术是随着竞技体育的出现而得到发展的，但竞技武术与民间流传的武术有较大的差别，由此人们普遍地将民间流传的武术称为传统武术。还有的人认为，武术不仅是人们用来健身、防身的活动，而且还有娱乐、塑身等功能，是富有浓郁民族传统特色的身体活动。它将中国传统文化作为自身发展的理论基础，向人们呈现了基本功法、套路和格斗等方面的内容，具有丰富的社会功能，深受广大人民群众的喜爱。

上述定义大体上都涉及以下三个方面的内容：

（1）具有中华民族传统体育的特征。（2）以中国传统文化为理论基础。（3）将击技练习作为武术发展的重要内容。

（二）传统武术的内容

1. 功法运动

武术功法运动强调教师要将单个动作作为重点学习内容传授，重在提高练武人武术套路、格斗技术和诱发武技三个方面的能力，尤其是对提升练武人某一方面的身体素质和某项特殊技能具有深远意义。按照锻炼形式和锻炼效果的不同可以将功法运动分为以下几种

（1）内壮功

内壮功，通俗地说就是"内功"，主要是指习武者借助专业化的训练手段修炼自身的精气神以及脏腑、经络和血脉等，从而实现神清气爽、经络通畅、内壮外强的目的。锻炼内壮功可以采用不同的练习方式，根据习武者不同的锻炼方式可以分为四种方式，具体包括静卧、静坐、站桩和鼎桩。

（2）外壮功

外壮功，简言之就是"外功"，主要指习武者借助专业化的训练手段，提高自身击打、抗击打、摔跤以及磕碰四个方面的能力，从而达到强筋锻骨、提高身体素质的目的。将内壮功和外壮功结合起来练习，就是大家平时常说的，内修精气神、外练筋骨皮。

（3）轻功

轻功就是人们常说的"弹跳功"，主要是指习武者借助专业化的练习手段，提高自身弹跳水平的运动。这里说的轻功是现实中存在的，而电视上所谓的轻功是被夸大了的。

（4）柔功

柔功从字面意思来说就是指柔韧性的运动，主要指习武者借助不同类型的专业化训练，提高自身肢体关节活动和肌肉伸展性的功法运动。过去习武的前辈们会根据实际需要总结出部分功法，这些功法在古代一些重要场合曾具有关键作用。同时，对于当代习武者而言也是非常有效的。当然，随着当代器械的出现，部分功法正在慢慢消失。还有的在当代受到人们的不断质疑。

2. 套路运动

套路运动主要强调习武者的技击动作定位是否准确，常常借助攻守进退、动静疾徐、刚柔虚实等矛盾运动的变化规律汇编成组合练习和整套练习。根据练习人数的不同，套路运动可以分为以下三种方式。

（1）单练

单练就是指习武者一个人完成的套路练习。根据习武者在单练中是否手持器械，可以分为拳术、器械运动。

①拳术

拳术就是指习武者徒手练习的套路运动，根据不同武术派别，拳术也大为不同。

②器械运动

器械就是指习武者手持武术兵器进行武术的套路练习。器械根据长短的不同，又可以分为长器械、短器械、软器械，现在习武者常用的器械有刀、剑、棍等。

（2）对练

对练就是两个习武者在一定的要求下，练习攻防性的套路运动。徒手对练、器械对练、徒手和器械对练都是比较常见的。

（3）集体演练

集体演练顾名思义就是多个人进行徒手、器械或者徒手和器械的演练，集体演练的人数一般要求在六个人以上。在集体演练中，队形的变化和协调可以用音乐进行控制。

3.搏斗运动

搏斗运动指根据一定的要求规则，在规定的时间内完成斗智、较力、较技的实战攻防格斗。根据现实情况看，散打和推手使用得比较多。

（1）散打

散打也被称为散手，被古人称为手搏和白打等。因为比赛采取徒手相搏的运动手段在擂台上进行，所以也被称为"打擂台"。散打是两人以具体规则为依据，借助踢、打、快摔等手段打败对方的徒手搏斗运动。

（2）推手

推手是两人在遵循特定规则的基础上，借助掤、捋、挤、按、揉、捌、肘靠等技法，双方找准机会将对方推出，以此来判定比赛输赢的徒手搏斗运动。

（3）短兵

短兵是两人拿特制短器械，遵循事先的约定或规则，凭借剑法与刀法完成对抗的搏斗运动。

（4）长兵

长兵是两个人持特制长器械，按照约定或规则，将棍法与枪法作为主要对抗方法完成对抗的搏斗运动。

二、传统武术的研究现状

对于武术运动的研究始于武术成为"体育学科"下的二级学科，此后对武术运动的研究如雨后春笋，质量和数量方面都有了较大的进步。从目前对武术运动研究的现状来看，涉及的方面主要有以下几个。

（一）研究领域和研究对象的广泛性

有关武术研究领域和研究对象的问题，在相当长的时间内，人们的着眼点都放在了对武术史学、武术技术和武术基础理论的研究上，这就大大限制了对武术其他领域的研究，阻碍了武术运动的发展。这种局面一直持续到 1980 年，之后人们扩大了武术研究的范围。随着时代的不断发展，武术运动在新的时代下也得到了快速的发展。

（二）武术研究的实效性

对武术的研究必然少不了对武术裁判方法和竞赛规则的研究，学者们针对奥运会武术运动的裁判方法和竞赛规则进行了不断的研究，取得了辉煌的成就。这些成果对当今我国制定国际武术裁判方法和竞赛规则具有重要的意义。

面临全球化体育市场化的问题，武术研究也应该顺应时代的发展变化，向武术产业化、社会化和市场化领域展开研究。尽管这一领域取得的突出成就非常艰难，但是这对于未来我国制定武术产业化、市场化和社会化相关的发展政策，还是具有重要的现实意义的。

一直以来，学者们对武术的研究一直局限在对其技术方面的提升上，对于武术的实用功能却研究不多。但随着时代的发展，学者已经开始在这方面取得了突出成就，为武术科学化训练的提升提供了有价值的参考依据。

第二节 传统武术的发展历程

一、传统武术的起源

（一）击技的产生

传统武术与中国原始社会的生产活动具有紧密的联系。由于原始社会生产力发展水平较低，人们主要靠自己的双手通过射猎获取物质生产资料。在长期不断的生活实践中，人们逐渐学会了用木棒、石头等器具狩猎野兽的方法。当时的人们并没有意识到他们的行为是一种专业的搏击行为，但事实上他们的这种本能、自发的身体动作却是武术运动最原始的形态。当人类逐渐进入到旧石器时代晚期，人们的生产工具也在这一时期发生了巨大的变化。而且在新石器时代，人们已经开始广泛地使用器具来获取生产资料了。人们在不断地使用器具劈、砍、击、刺的实践活动中，开始自觉地运用格斗技术和使用锋利的刀具，这一时期就是传统武术发展的萌芽期。

在武术萌芽时期，武术仅仅用于人与兽之间的斗争，而人与人之间的斗争则直接促使了传统武术击技的产生。

（二）武舞的产生

在古代，人们每当进行狩猎、战事等活动时，都会跳武舞。武舞主要是人们对狩猎或者战事场景的模拟，将实际场景中使用的格斗技能编排成舞。武舞是原始社会战斗技术的充分展现。人们通过对战争中运用的攻防技能进行总结，久而久之创造了后来一系列的武术套路。武舞在古代社会中，既与宗教祭祀、教育和娱乐为一体，还具有搏斗技能的特点，可谓原始社会中最多样的文化形态活动。武舞从外部来看就是搏杀技能的训练，实际上是宣扬力量、胜利的活动。武舞也可以被认为是传统武术的雏形。武舞作为原始社会的文化形态，在各个民族都可见到，最典型的要数云南纳西族的祭神武舞"东巴跳"了，这种武舞人数最低为10人，最多由上百人组成，每一个跳舞的人手里都握有武器。另外，武舞的踪迹也可以从中国古代的原始岩画中找到，比如云南沧源的原始岩画就真实生动地展现了武舞者的形象。

（三）传统武术的形成

在中华民族几千年历史发展土壤上生存的传统武术，相应地具有击舞一体、内外兼修的独特魅力。夏朝的建立标志着我国开始由原始社会进入奴隶制社会。随着夏朝统治阶级的出现，传统武术也开始从原始生活实践中脱离出来，逐渐成为统治阶级维护政权、统治人们的工具。这一时期的武术也开始变得多样化、复杂化，还出现了专门的教育机构教授武术。当时的武技被称为"手搏""手格""股肱"等。殷商时期，武术训练更加专业化，尤以田猎最为出名。但这时的田猎并不是人们单纯地获取食物，它是指一项具有军事意义的活动。对田猎的记载，人们可以从殷商时期的甲骨文中找到踪迹。这一时期的青铜冶炼技术空前发展，制造出的器具也具有较强的杀伤力。西周时期，统治阶级将"六艺"作为巩固政权、统治人们的工具。"六艺"中的"射""御"要求学习者不仅要学会射箭，而且要学会驾驶战车，这两项任务都与传统武术的发展紧密相连。其中，"六艺"中的"乐"也是通过做击刺的舞蹈动作展现出来的。后来人们通常将之称为"打四门"，古代的"六艺"对后世研究武术套路和发展具有重要参考意义。当时，一些武术学校还专门请能力突出的将帅讲解武术套路，武术教育在当时得到了初步的发展。到了春秋战国时期，我国开始由奴隶社会进入封建社会，在这个战乱不断的时期，练兵习武得到了繁荣发展。当时的各诸侯国纷纷将培养优秀的军事人才和高素质的将帅作为重点发展方向，取得了不少成就。

二、传统武术在我国古代的发展

传统武术是在中国人民日常生活实践中产生的，它历经了数千年的发展，已经成为人们生活中不可分割的一部分。中国传统文化是在继承中国文化优秀理论的基础上，兼收道、儒、佛教思想精髓发展而来的。随着人们物质生活得到不断满足，人们开始逐渐意识到精神生活的重要性。传统武术作为精神生活的一部分，已经在继承中国传统文化的基础上，顺应时代发展特点，成为当代人们喜爱的体育项目之一。同时，武术运动也开始成为兼具健身和娱乐为一体的民间传统运动。武术文化具有浓郁的中华民族优秀文化的特点，在不断的历史发展阶段，武术文化也呈现出了不一样的时代特点。

（一）夏商周时期

夏商周时期是传统武术发展的萌芽期，当时的武术运动通常被认为是人们日常生活发展的产物，因此当时的武术具有广泛的群众基础。夏朝时期，由于人们处于原始社会时期，因此当时的武术也只是被用来狩猎、获取生产资料的技术。但随着奴隶主与贵族之间争斗越来越激烈，爆发了大规模的战争。人们在不断的战争中积累击技技术的经验，为了获得长足的发展，他们将之作为传统武术的雏形加以传承和演练。到了殷商时期，我国的青铜冶金技术得到了空前的发展。各个铁匠部门制作的工具开始大量被军队所购买。此时的人们也从单纯地依靠器具狩猎动物，变为集身体、技术、战术为一体的专业的、具有军事意义的专业人员。这一时期的田猎是最著名的武术训练方法，其主要目的是训练士兵使用各种兵器和提高他们的驭马能力。再加上当时的工具更加具有杀伤力，已经完全不同于夏朝时期用来狩猎的工具了。到了西周时期，统治者为了达到统治目的，加大了对武术人才的培养力度。西周时期，要求贵族子弟接受文武结合的教育内容，以"武"为主的"六艺"的教育。武士在当时被寄予了厚望，既要帮助统治阶级管理平民，还要为国家的社稷出一份力。由于西周时期主要以车站为主，因此对能在战车上作战的军士需求更大，其中，他们主要是通过"六艺"的中"射""御"的教学目标来实现的。

（二）秦汉时期

秦朝建立后，秦始皇为了维护自己的统治地位，禁止民间习武行为的存在，这一命令为中国传统武术的传承和发展带来了消极影响。到了汉朝，中国传统武术又得到了空前的发展。这主要与当时统治者实施的政策有直接的联系，统治者非常重视武备和军事训练，因此提出了"兵民合一""劳武结合"的政策，这些政策的实施无疑加快了中国传统武术发展的速度。另外，当时还出现了一大批研究武术的著作，尤其是对"武德"的描写收到了较大反响，这些重大举措都为武术理论体系的形成奠定了坚实的理论基础。

（三）魏晋南北朝时期

魏晋南北朝时期，我国开始走向民族大融合发展的阶段。在这一背景下，武术在民间的传播也得到了快速的发展。再加上当时南方汉族统治者比较看重武术的艺术价值，因此传统武术开始注重娱乐功能的发展。传统武术在继承中国传统文化的基础上，又吸收了道教、儒教和佛教的精华，对武术的发展具有深远意义。

（四）唐宋时期

唐代，中国的政治、经济和文化发生了翻天覆地的变化。作为文化的一部分，传统武术的发展也进入了繁荣阶段。唐王朝的统治者还将武术作为科举考试的一种形式，成为选举武术人才的重要途径。正是武举的出现，才使广大的平民看到了走上仕途希望，这大大加强了人们对武术的追求。另外，当时的文人墨客也开始创作与武学思想有关的著作，写下了脍炙人口的佳作。

到了宋朝，民族矛盾日益突出，战事不断，加快了传统武术的发展，促进了各种武器的出现，为后世研究民间武术器械提供了有参考价值的资料。另外，面对外来民族的不断入侵，反抗上层社会压迫的武艺结社组织也在当时纷纷涌现，这个组织的出现，大大加快了中国武术在民间的发展，对当代武术研究具有重要的现实意义。

（五）元明清时期

到了元代，元曲的发展也深刻影响了中国武术的发展，不仅传达了文艺对武术的借鉴和传播，而且使人们认识到了传统武术的艺术魅力。但这一时期，尽管传统武术的发展势头良好，但还存在一些局限，由于元朝的统治阶级为了防止各族人民反抗，大力促进朝廷练兵的同时，还制定了一系列的禁止民间出现习武的法律，这直接影响了中国武术的传承和发展。

到了明清时期，民间的传统武术开始逐渐与军事武艺区别开来。民间传统武术在这一时期得到了繁荣发展，为后世研究武术的文化内涵、套路提供了有价值的理论基础。传统武术文化的完全形成，为武术文化在未来教学中的发展起到了重要的推动作用。民间传统武术文化也在此阶段被人所熟知和喜爱。

尽管传统武术的发展历程是曲折、坎坷的，但是每一个历史阶段传统武术文化都展现出了自己的文化魅力。笔者认为传统武术文化可以这样理解：以突出中华武术武德修养意志为主体，展现出其流传有序、体用兼备、理、法、势齐全、风格突出、强调身心意志精神协调发展的技击技术总称，并以此区别于现代竞技武术。

第三节　传统武术的流派与特点

一、传统武术的流派

在几千年的发展变化中，传统武术已经得到了不断的发展和完善，开始逐渐形成不同的武术派别。每个武术派别都有自身的武术风格和技术特点。总而言之，传统的武术流派主要有"长拳"与"短打"、"内家"与"外家"、"黄河流域派"与"长江流域派"、"南派"与"北派"、"少林派"与"武当派"等。除了这些流派外，武术按照姓氏的划分，又可以分为以下几种，分别是陈式太极拳、杨氏太极拳、吴式太极拳、武式太极拳和孙式太极拳等。

（一）"长拳"与"短打"

无论是在历史发展的长河中，还是在武侠小说中，少林都是武术领域发展最为成功的。在民间，少林武术也收到了较大反响。少林武术派，大多以拳械训练为主，具有节奏鲜明、大开大合、气势磅礴、快速有力、势正招圆等特点。其武术击技以直拳、摆拳、勾拳为主，这些都属于长拳。

短打指的是动作幅度小、贴身近战、短促而多变的拳术。

（二）"内家"与"外家"

在武术类别划分中，所谓"内家派"，一般是指"武当派"。武当派的创始人张三丰创立了用于内修的太极拳法，它也是武当代代相传的拳法，在当代社会中，仍旧如雷贯耳。

峨眉拳也是内法拳中最著名的拳法，峨眉拳汲取了众多拳法的长处，具有独特的技法和风格。峨眉拳术分为四大家和四小家。峨眉派从古至今都是女子武术的学习流派，创立初期，只招收女性弟子。但是随着时代的发展变化，峨眉拳成为男女都可使用的拳法，具有科学成系的武术套路。

相比注重以柔克刚、以静制动的武当、峨眉来说，少林成了名副其实的外家拳的代表。

（三）"黄河流域派"与"长江流域派"

民国初年《中国精武会章程》等书中，使用了"黄河流域派"与"长江流域派"，这是划分南北方武术的笼统方法。

以江河流域为界，不同区域的武术有着不同的风格特点，因而在此划分上又衍生出了许多不同的小流派。

（四）南派与北派

按照地理位置的不同，传统武术还可以分为南派和北派，地理位置差异下的气候也是影响两派形成的重要原因。

通常我们将黄河流域及以北地区称为北方，将长江流域及以南地区称为南方。最早记录南北派著作的是民国时期陆师通的《北拳汇编》，从此以后，南北派就开始在民间流传开来。

由于受气候的影响，北方地区的自然条件相比南方来说更加寒冷，因此在这一地区生存的人们通常有着健壮的身体和直爽的性格。因此，他们练习的武术，也多长拳阔步，注重以进取胜。同时，"北派"的武术还有丰富多样的腿法，步伐快速、刚健有力。

南方地区自然景色宜人、气候温和，在此地区生存的人们通常体质相比北方差些，性格也较为温和。他们的武术拳法，主要表现为短打小步，注重机会的运用。"南派"相比"北派"拳法比较多，但是腿法训练却较少。

地域的差异，致使南北方形成的拳法也大不相同，甚至当时还有"南拳北腿"的说法。

（五）少林武当派别

有学者根据书本上有关传统武术的知识将传统武术的派别划分为少林、武当、昆仑、峨眉、崆峒五大派别。之所以这样分，很大程度上是受到了小说的影响，而且这种分法也是不全面的。

外家拳的代表——少林武术与内家拳的代表——武当武术，两者之间具有明显的差异，即所谓的一刚一柔。

（六）按姓氏划分的太极拳流派

1. 陈式太极拳

陈式太极拳由著名拳师陈王创始于明末清初，所创老架路五套，经陈氏世代传习、演化，又增新架路两套。经过精心编排的这几路太极拳的动作、速度、强度、身法和劲道各有不同。以第一路为例，其动作简单，柔中寓刚，柔多刚少，以缠丝劲的锻炼为主，行气运动时以"掤、捋、挤、按"四正劲的运用为主，以"采、挒、肘、靠"的四隅手的运用为辅；第二路的动作则较为复杂，疾速紧凑，刚中寓柔，刚多柔少，用劲以"采、挒、肘、靠"为主，以"掤、捋、挤、按"为辅；第三路以刚发劲为主，强调震足发劲，并注重蹿蹦跳跃、腾挪闪展的步法锻炼，体现的是柔缠中显刚、快、脆的特点。

传统套路有头套（六十六式）、二套（二十七式）、三套（二十四式）四套（二十三式）、五套（二十九式）、长拳一百零八式、炮捶（俗称二路七十一式）、器械（刀、枪、棍、钩等多种）、对练套路、老架二路四十二式、小架一路六十四式、老架一路七十四式、新架一路八十三式、竞赛套路五十六式等。新编套路有陈式心意混元太极拳十八式（又称美人太极拳）、陈式心意混元太极拳四十八式、陈式心意混元太极拳三十二式（又称三十二式炮捶）陈式二十四、陈式心意混元太极剑及美人太极剑、陈式太极拳三十六式普及架等。

在锻炼陈式太极拳的时候，练者要注重自身意、气、身三者的密切配合，以意行气，源动腰脊，旋腰转脊，节节贯穿。在推手中，以缠绕粘随为主，并注意运用"掤、捋、挤、按"，做到纵放屈伸人未知，诸靠缠绕我皆依。在粘贴缠绕过程中，做到听劲懂劲，借力制动，发劲制敌。

2. 杨式太极拳

由河北永年人杨露禅所创。杨露禅师从河南温县陈家沟陈长兴，随后与其子杨健侯、其孙杨澄甫等人在陈式老架太极拳的基础上，创编发展了"杨式太极拳"。现在广为流行的杨式太极拳，是删改了陈式老架中原有的纵跳、震足、发劲等动作，由杨健侯修订为中架子，又在杨澄甫的一再修改后最终成型的杨式大架子。杨式太极拳拳架结构严谨，身法中正，动作和顺，舒展简洁，刚柔内含，轻灵沉着，轻松自然。杨式太极拳的姿势平正朴实，练法简易，由刚入柔，刚柔相济。传统拳套有四路大架、长拳、中架及小架（也称用架和快架）。一些人把杨澄甫大架再次简化，八式、十六式、二十四式、四十八式竞赛及四十八式等被编成更短的拳架，因更为符合现代人的生活习惯而被广泛流传。其中最为经典的改编套路就是现今众所周知的二十四式简化太极拳。

3. 吴式太极拳

河北大兴人吴鉴泉，在杨露禅到北京授拳时，其父吴全佑从学太极拳，后又拜杨露禅次子杨班侯为师。在吴全佑对杨式小架太极拳进行了逐步修订的基础上，吴鉴全将之改进修润成了一个新的太极拳流派，即"吴式太极拳"。吴式太极拳以柔化著称，循规蹈矩的动作轻松连绵，独具静态之妙。拳架虽然小巧，出开展而紧凑，但具有大架功底，在紧凑中自具舒展，不显拘束。推手时，端正严密，细腻熨帖，守静而不妄动，以善化见长。吴式太极拳有单人推手法、双人推手法（也称打轮）；套路有二十四式、四十五式、三十七式、一百零八式等。

4. 武式太极拳

武式太极拳出清末河北永年人武禹襄创编。武式太极拳既不同于陈式老架和新架，亦不同于杨式大架和小架，学而化之，自成一派。武禹襄借鉴了李呈芬《射经》中有关身法要点，总结提出了"提顶、吊裆、含胸、拔背、松肩、沉肘、裹裆、护肫"的身法八要。到了第四世，郝月如先生又增加了腾挪、闪战、尾闾中正、气沉丹田、分清虚实，成为十三条。武式太极拳有着简洁连贯、舒缓平稳的动作，架势虽小而不局促，左右手各管半个身体，不相逾越。手伸出时不超过足尖，收时不紧于身；在进退旋转的过程中，胸部和腹部始终保持中正；迈步时足尖先着地，然后再徐徐放下足跟；弓步时前腿膝盖不得超过足尖，后腿不得挺直高拔。拳势讲究起、承、开、合，用内功的虚实转换"内气潜转"来支配外形，并进而达到意、气、形三者合一的境界。其套路有十三式、四十六式、八十五式、一百零八式等。

5. 孙式太极拳

河北完县人孙禄堂，自幼爱武术，从师李魁垣学形意拳，继而从学于李之帅郭云深，又从师程廷华学八卦拳，在从师郝为真学太极拳后，经多年演练而功夫深厚的孙禄堂将形意、八卦、太极一家拳术的精义融为一体，继而创造了"孙式太极拳"。具有进退相随、迈步必跟、退步必撤等特点，其动作舒展圆活、敏捷自然。练时双足虚实分明，全套练起如行云流水，绵绵不断。由于孙式太极拳要求练习者在转身时要以"开""合"相接，所以又称"开合活步太极拳"。其套路有二十四式、四十九式、七十三式等。

二、传统武术的特点

（一）农耕文明的社会根基，活动领域固定

前两节已经对传统武术的定义进行了详细的论述，不仅包含传统武术产生背景的介绍，而且连武术的活动领域也进行了分析，这样做的目的就是在研究中正确地将非传统武术与传统武术区别开来。总而言之，武术产生的背景是农耕文明时期，而武术的活动领域为广大的民间习武群落。

（二）以拳种作为传统武术构成的最基本单位

传统武术根据地域的不同分为不同的武术流派和拳法，而且每一个流派都有属于自己的独特拳种谱系。因此，我们在进行研究时要具体问题具体分析，根据每个流派拳种的不同选择正确的方法进行研究。

（三）流动性传统武术的时间特质

传统并非是我们平时想象的那样是不变的、过去产生的实体，而是流动于过去、现在、未来的一种过程，是不断发展变化的。另外，传统也并非是被确定的规则要求制造出来的，有时候生产出来的作品也可能是半成品，而未来才是它们发展的尽头。因此，我们应该改变之前那种认为传统是过去已经存在的东西的观点，它应该被看作是未来可能出现的实体，可以指未来的一切，包括人、事物、思想、精神、心理、意识等。

传统武术的发展不仅指现在的发展，还指向未来，更是一个以稳定的姿态、不断完善已经定型了的事物的发展。

传统武术文化在不断的发展中，已经形成了自己独特的特点和规律。所谓的传统武术的流动性就是指在时间轴上所形成的特质。中华武术文化源远流长、博大精深，之所以在当代社会中得到不断的传承和发扬，离不开广大人民群众作出的贡献。这就需要后代人要用自己的理解认识武术文化，进而形成传统武术世代

相传的"血缘关系"。这种"血缘关系"需要人们不断用自己的理解加入时代发展的特色，从而使人们能够深刻地掌握传统武术蕴含的精髓。

所谓的"视域"就是习武人对武术的理解，只有融合了习武人的"视域"，才能使武术文化在时间轴上得到不断的传承和发展，因此说武术的时间特质是流动性的。反过来说，传统武术在时间轴上的流动性主要取决于每一个时代习武人对传统武术的见解，尽管这种见解具有主观性，缺乏科学性，但是它仍然是一种"合理的偏见"。

（四）传统武术具有不断超越的内在品质

传统武术不断超越的内在品质是以开放性和流动性为基础的，是在历史长河演变中逐渐形成的。传统武术在任何一个时代中发展，都要以前一个时代为发展前提，这就是说后代的人在继承和发展传统武术优缺点的同时，要站在"历史前提"条件下进行审视和思考。因此，对于每一个时代下产生的传统武术来说，"历史前提"就需要满足两个重要条件，首先是从武术祖先们那里继承下来的优秀武术文化成果，其次就是传统武术自身携带的那一时代的特征。这就需要后世武术传承人既要以站在当前时代的角度去理解、审视祖先们遗留的优秀武术成果，又要在继承传统武术文化成果的基础上，加入当前处时代发展的特色，从而使传统武术文化既具历史性又具时代性，只有这样才能使武术文化得到大繁荣、大发展，也才能使武术文化可持续发展，永葆生命力。

传统武术得到不断超越需要同时必备两个重要条件，其一是生产，其二是消费。所谓的传统武术的生产，就是指祖先们在特定的历史背景下所生产的凝聚他们智慧的产物，这些产物对于后代人来说，是一种客观存在形式，是传统武术获得超越的前提和依据；所谓的传统武术的消费，就是指通过后代人将传统武术转换为现实的力量，在继承传统武术的基础上赋予新的内涵。传统武术之所以历经千年，还一直永葆青春，久开不败，最重要的原因就是其在不断的历史发展中创新、完善，根据新时代发展的要求重新审视传统武术文化发展的途径和形态。

总而言之，任何时代的人要想创造出属于自己的东西，都必须要站在前人的实践成果基础上加以创新和继承，不仅要将前人的优秀成果融入其中，还要添加一些新时代的成果，从而丰富自己作品的内涵，增强自己的实践能力。对于前人来说，传统武术可能仅仅是他们用来生存的一种技能，并代代相传；后人在继承前人留下的传统武术生存技能的同时，还要结合自己的实践特点、时代要求，进行筛选、舍弃、继承和创新，从而提高自己的实践能力。传统武术就是在"生产""消费"两个过程中不断得到发展和超越的。因此，每一个时代的传统武术都必然要满足既有过去特色，又有当代实践特点的两个要求。

同时，传统武术形态也并不是一成不变的，站在传统武术不断超越的内在品质的角度来看，任何时代下的传统武术都必然携带本时代特色，这就必然与人们要求的"正宗"或者"原汁原味"的传统武术行为相悖。

对传统武术的概念和特点进行更进一步的研究，不仅有助于我们对传统武术文化有更深层次的了解，而且对探究武术文化发展模式和方向具有重要的作用。

第四节 传统武术的实用价值与文化价值

一、传统武术的实用价值

就其实用性来讲，我国传统武术具有强身健体、防身自卫、修身养性、娱乐观赏等多方面的价值与作用，是人们增强体质、振奋精神的一种很好的民族传统体育运动。具体来说，其实用价值体现在以下几方面。

（一）具有增强体质的作用

在当今时代，人们把健康视为人生大事，这是社会文明程度发展到一定阶段所形成的社会共识。时至今日，人们对健康的理解不再是没病就是健康，而是从身心两方面的协调发展来认识。传统武术要求精神、意、气与动作内外相合，所以它不仅是形体上的锻炼，而且能使身心得到全面的锻炼。武术中"内外兼修"的思想对人们树立健康意识是很有帮助的，它强调对人体身心的全面锻炼，即外练能强筋骨，利关节，壮体魄；内练能够通经脉，调精神，理脏腑。武术许多功法注意调息行气和意念活动，对人体内环境的调节、人体机能的改善、体质的增强具有明显的效果。因此，系统地进行武术锻炼，有助于人体速度、力量、灵敏、耐力、柔韧、协调等素质的增长。此外，传统武术对人心理上提出保持乐观情绪、平常心，使人在处世为人、社会交往中寻求一种和谐的方式，因而调节人的精神和情感，使人的身心协调一致，促进人健康地发展。

（二）具有防身自卫的作用

我国传统武术具有攻防技击的特点，讲究的是踢、打、摔、拿、击、刺等动作；练就的是手、眼、身、法、步、精、神、气、力、功等。追求的是站如松、动如涛、静如岳、快如风等"十二形"的精神境界。通过习武，不仅可以掌握各种踢、打、摔、拿、刺等技击方法，发展身体的灵活性和反应能力。持之以恒地练功不仅能增长劲力和功力，还能提高身体的抗击打能力，对抗搏击能力以及强身健体、防身自卫的能力。

在武术套路和搏斗运动中，技击动作是其主要内容。套路虽然是以演练的形式出现，但它包含了许多攻防中可用的拳法、掌法、腿法、擒拿法和快摔法，经常锻炼不仅人体机能和素质得以提高，再增强距离、时机的判断能力的培养，可以起到防身自卫的作用。散打、推手的许多招式动作可以直接用于搏击和防卫，其中许多战术有益于防身自卫能力的增强。

（三）具有修身养性的作用

武术强调人与自然、人与社会、人体内外的和谐统一，追求人与自然融合的"天人合一"的哲学思想，这对当代社会培养全面合格的人起到潜移默化的作用。

武术具有典型的东方传统文化特点，它注重内在世界的深化，重礼仪，讲道德，并且偏重于全面人格的内在修养，既具有广博而扎实的科学文化知识，更具有健康身心强烈的使命感和积极进取的人生态度。在几千年绵延的历史中，我国传统武术一向重礼仪、讲道德，"尚武崇德"成为学武之人的一种传统教育。诸如"未曾学艺先学礼，未曾习武先习德"，培养人的道德品质是武术的传统，武德教育是对人格培养，精神品德教育的重要部分，通过练武习德，可以培养尊师重道，讲理守信，见义勇为等良好的心理素质和高尚的道德情操，有益于武术运动的健康发展。

（四）具有观赏娱乐的作用

武术作为一种民族传统的人体运动，具有很强的艺术魅力和观赏价值。无论是套路运动还是搏斗运动，历来为人们喜闻乐见。

武术以变化多样的运动形式和丰富的文化内涵充实着人们的生活。武术在长期的发展过程中，深受中国古典美学的熏染，具有很高的审美价值。它展示的是"形"的美，或勇猛剽悍，雄健有力，或飘洒轻捷，吞吐自如；或轻灵柔和，连绵不断；或道劲势刚，舒展大方，带给人们以形体感、节奏感、协调感；会使人产生一种行云流水般的悠然自得，虚无缥缈般的舒适感；从容不迫的惬意感；给人一种内外合一，完整和谐的豪迈的英武之美；这是一种超级的心理享受。人们在观赏或自我演练中享受到形的飘逸，神存的韵味，给人一种奋发向上的启迪，充实了人的精神，这样人们从武术演练中获得身心的愉悦，从武术的观赏当中获得艺术美的享受，因而丰富了人们的文化生活。汉代的"角抵戏""三百里内皆来观",宋代的"瓦舍",明清的"走会",都充分体现了武术的表演功能。

现代竞技武术套路强调攻防特点,突出高、难、美、新。它所表现的富有生动韵律和气势如虹的招势动作及其演练技巧以及散手的激烈巧取、推手中的借力发力,都具有极高的表演价值和观赏性,给人以美的享受。

此外,人们还可以根据自己的兴趣和爱好选择适合自己的项目进行锻炼。群众性的练武活动可以成为人们切磋技艺、交流思想、增进友谊的良好形式,既可达到健身,又可达到自娱娱人的目的。

二、传统武术的文化价值

我国传统武术之所以能够经久不衰,不仅因为它有很高的实用价值和社会价值,而且因为它有着深厚的文化魅力。武术作为我国传统文化的典型代表,在漫长的历史中,它浸润于儒、道、佛以及古代兵学、中医、养生、舞蹈、戏剧等众多传统文化艺术里,并不断吸收各时代的优秀文化因子,逐步由单纯的搏斗技术发展成德、技双修的技击文化。因此,传统武术得以传承的根本原因除了技术层面的知识外,更重要的是它隐含着中华文化精神。

总体来看,我国传统武术的文化价值主要体现在以下几方面。

(一)注重武德与武艺的统一

中华武术武德观念最为鲜明地表现为"德"与"艺"的统一。我国传统文化历来提倡社会和个人道德理想的实现。无论是儒家还是道家都将追求个人的自我完善看作生命价值之所在。而对于有"礼仪之邦"之称的中华民族,在所创造的文化中,道德水准常常被作为评价社会进步和发展的标准。传统武术由于受传统文化影响,在长期的发展过程中形成了独具特色的道德要求和评价体系,形成了传统武术文化的一道绚丽的风景线。一般而言,在传统武术练习中,人们很重视对武德的考察，甚至在某种程度上"武德胜过武技"。传统武术谚语中"未曾学艺先学礼，未曾习武先习德"的要求，充分显示了武德教化在武术传授过程中所表现出的"道德至上"的文化特征。

综观我国传统武术的各个项目，均能呈现出东方文明的气质：争斗而有礼让，有劲而不粗野，艺纯熟而不玄浮，情饱满而含蓄内向，富于观赏且追求高尚的精神气质。传统武术所显示出的美，也具有东方文明的特点，即以优美为主（如套路表演），与西方文明所突出的壮烈、惊险、富于强烈刺激性的审美观构成鲜明的对照。可见，传统武术中"德"与"艺"的统一，使武术在其本质特征（感性活动）之上，又渗入浓厚的理性因素。

（二）注重务实精神和恒久意识

千百年的农业生产方式和生活方式铸就了中国文化的精神，产生了中华民族特有的"务实精神和恒久意识"。而这种精神和意识使中国文化具有鲜明的"重实际，黜玄想"的特征，形成探索"变易中的不变""有限中的无限"，追求人生、社会、宇宙的永恒、久远的处世观和行为观。武术谚语中"一日练一日功，一日不练十日空""功到自然成"等就充分展现出先辈在"务实精神和恒久意识"的文化特征影响下形成武术习练的恒久意识和态度。

传统武术的习练是一个终身修炼的过程，人们对武术最高境界的追求是无止境的。习练武术所反映出的务实精神和恒久意识，体现在武术家生活的一切行动上。"拳不离手""拳练千遍，身法自然"就是务实精神的最好写照。对一些传统武术的习练者来说，他们对武术的钟爱更多的是追求达到一种境界，而这种境界的追求使得他们必须具有一定的恒久意识。他们以习武为己任，视武技为生命，在"艺无止境"的感召下研修不止，体现了我们中华民族强调恒久、务实的精神实质。

（三）注重个人技艺的纯熟

与西方文化追求外在的知识不同，中国传统文化追求成熟内在的人格。中华武术受中国哲学精神的影响，以"天人合一""阴阳之道"为主旨，其目的不是积极地引向外在的显示，而是导向内心的自审。中国人练武术，不仅讲究一招一式的精确；而且讲究"神韵"。这种神韵，即是个人技艺纯熟的表现。人们常常把武术、气功作为中国传统体育文化的代表。因为这两种项目都交织着阴阳二气组合的生命律动，外取神态、内表心灵，着重在姿态的意境里显示人格，堪称传统体育的代表。

（四）对人格塑造的效用

随着社会的进步，人的要求越来越高，强健的身体和丰富的知识被视为现代社会强者的标志。在现实生活中，许多人由于片面追求外在形象，而在道德情操、责任感和使命感等内在人格思想方面显出不足，这不仅影响了人们的意志和自身价值，而且也影响到整个社会的进步。传统武术具有典型的东方文化特征，注重个人内心世界的深化，在习练中也十分重视人格的修养，武术中的这些文化思想对塑造人格可以起到很好的补充作用。在传统武术的习练过程中，习武者必须要在提高自身道德修养的前提下才能接受师傅的功法传授，并循序渐进地达到德艺双馨。"千里赡急，不吝其生"为重义；"言必行，行必果，已诺必诚"为守信。重义守信是习武者实现自我价值的主要途径，也是显示武术社会价值的重要方式。此外，不少习武人都有一种凛然不可侵犯的正气，这即武学中"神"的外在表现，也是"道"与"艺"的综合外现。"谦和仁爱"是指习武者必须具有相当的修养，遇事要能忍让，不到万不得已的时候不得与人交手。即使被迫应敌，在一般情况下也不得骤施杀手。总的来说，传统武术的修炼过程是一个内外双修的过程，要练成上乘武术必须在道德方面达到较高的境界，这使得习武者需要自觉提高自身道德修养。

　　但值得注意的是，这里所说的武术注重内在人格的修养，并不是传统文化伦理中的那种"中庸和平"的人格，其特征为文弱、温顺，受人牵制，而是在当前时代背景中要求人们具有的一种全面发展的人格，既具有健康的身心，较强的工作能力，能坚持积极进取的人生态度，又具有强烈的责任感、使命感。此外，传统武术强调人与自然、人与社会、人自身内外的和谐统一，这些对当代社会人们塑造全面的人格都起到了潜移默化的作用。

第二章 中国传统武术的动作精髓

武术以踢、打、摔、拿、击、刺等技术动作为素材，按照攻守进退、动静疾缓、刚柔虚实等矛盾变化的运动规律，组成徒手与持器械的套路和对抗性运动形式。本章主要介绍了手形手法、步形步法、肩臂动作、腿部动作、平衡与跳跃动作、跌扑滚翻动作、基本动作的组合和武术运动的形式八个方面的内容。

第一节 手形与手法

一、手形

（一）拳

五指卷紧，拇指压于食指、中指第二指节上。拳分为拳面、拳背、拳眼、拳心、拳轮。拳心朝上（下）为平拳；拳眼朝上（下）为立拳。（图 2-1-1）

要点：拳握紧，拳面平，直腕。

（二）掌

四指伸直并拢，拇指弯曲紧扣于虎口处。掌分为掌指、掌背、掌心、掌根、掌外沿。手腕伸直为直掌；向拇指侧伸，掌指朝上为立掌。（图 2-1-2）

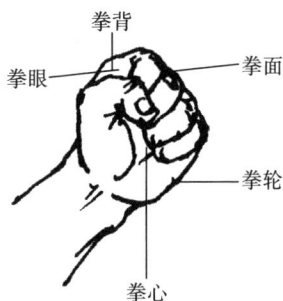

图 2-1-1 拳的手形

要点：掌心展开、竖指。

（三）勾

五指尖撮拢在一起，屈腕。勾分为勾尖、勾顶。（图 2-1-3）

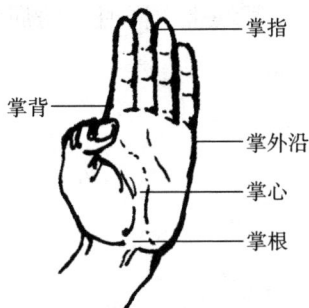

图 2-1-2　掌的手形

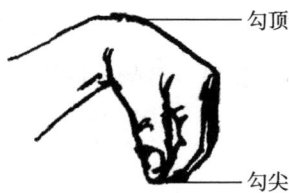

图 2-1-3　勾的手形

二、手法

（一）冲拳

两脚左右开立，两手握拳分别抱于腰侧，拳心向上，肘尖向后，目视前方。右拳从腰间旋臂向前快速冲出，力达拳面，臂伸直，高与肩平；同时左肘向后牵拉，目视前方。练习时左右交替进行。（图 2-1-4、2-1-5）

要点：挺胸，收腹，拧腰，顺肩，快速有力。

图 2-1-4　冲拳出拳动作（一）

图 2-1-5　冲拳出拳动作（二）

（二）砸拳

并步站立；两臂垂于大腿外侧；眼视前方。右手握拳上举；左掌置于腹前，掌心向上。右臂屈肘，以拳背为力点砸于左掌心上；同时两腿屈膝下蹲（图2-1-6）。

要点：收腹、挺胸、塌腰。

图2-1-6 砸拳预备动作与出拳动作

（三）推掌

预备姿势同冲拳。右拳变掌，由腰间旋臂向前立掌推出，速度要快，臂伸直，力达掌外沿，目视前方。练习时左右交替进行。（图2-1-7）

要点：挺胸、收腹、拧腰、顺肩，出掌快速有力，力达掌外沿。

（四）亮掌

图2-1-7 推掌动作

预备姿势同冲拳。右拳变掌，由腰间向右、向

上划弧至头右上方，肘微屈，抖腕翻掌，目视左方。（图 2-1-8、2-1-9）

要点：挺胸、收腹、立腰、抖腕。

图 2-1-8 亮掌预备动作　　　　　　　　图 2-1-9 亮掌动作

（五）架拳

预备姿势同冲拳。右拳自腰间向左经腹前、面前向头上方旋臂架起，臂微屈，拳心朝前上方，目视左方。（图 2-1-10、2-1-11）

要点：架拳时前臂内旋，松肩，力达前臂外侧。

图 2-1-10 架拳预备动作　　　　　　　　图 2-1-11 架拳出拳动作

（六）贯拳

并步站立；两手握拳抱于腰部两侧；眼视前方。左脚向前上步，右腿伸直成左弓步；右拳从体侧向前上方弧形横击，肘关节微屈，拳眼朝下；眼视右拳。（图 2-1-12、2-1-13）

要点：以腰带臂，力达拳面。

图 2-1-12　贯拳预备动作　　　　图 2-1-13　贯拳出拳动作

第二节　步形与步法

一、步形

（一）弓步

前脚微内扣，全脚着地，屈膝半蹲，大腿呈水平，膝与脚尖垂直；另一腿挺膝伸直，脚尖里扣斜向前（约 45 度），全脚着地。上体正对前方，两手抱拳于腰间，目视前方。（图 2-2-1）

要点：挺胸、塌腰、沉髋。

（二）马步

两脚左右开立（约为本人脚长的三倍），脚尖正对前方，屈膝半蹲，大腿呈水平，膝部不超过脚尖，两手握拳分别抱于腰间，目视前方。（图 2-2-2）

要点：挺胸、塌腰、直背，膝微内扣。

图 2-2-1　弓步姿势　　　　　　　　图 2-2-2　马步姿势

（三）虚步

两脚前后开立，后脚尖斜向前，屈膝半蹲，大腿接近水平。全脚着地；前腿微屈，脚面绷紧，脚尖虚点地面，重心落于后腿，目视前方。（图 2-2-3）

要点挺胸、立腰、虚实分明。

（四）仆步

两脚平行开立（约为本人脚长的四倍），一腿屈膝全蹲，大腿和小腿靠紧，臀部接近小腿，膝与脚尖稍外展；另一腿伸直平铺接近地面，脚尖内扣。两脚全脚掌着地。（图 2-2-4）

要点：挺胸、塌腰、沉髋。

（五）歇步

两腿交叉屈膝全蹲，前脚全脚掌着地，脚尖外展；后脚脚跟离地，臀部外侧

紧贴后小腿。（图 2-2-5）

要点：挺胸、立腰、两腿靠拢贴紧。

图 2-2-3　虚步姿势　　　　　　　图 2-2-4　仆步姿势

二、步法

（一）上步

错步站立；两拳抱于腰间；眼视前方。（图 2-2-6）左脚越过右腿向前迈步。

（图 2-2-7）

要点：直线向前上步，起、落要快而轻。

图 2-2-5　歇步姿势　　图 2-2-6　上步预备动作　　图 2-2-7　上步动作

（二）退步

错步站立；两拳抱于腰间；眼视前方。（图 2-2-8）左脚越过右腿向后退步。（图 2-2-9）

要点：直线退步，起、落要快而轻。

图 2-2-8 退步预备动作

图 2-2-9 退步动作

（三）盖步

开步站立；两拳抱于腰间；眼视前方。（图 2-2-10）右脚提起，经左脚前向左侧横迈一步，成两腿交叉。（图 2-2-11）

要点：横迈步要轻灵，步幅不宜过大。

图 2-2-10 盖步预备动作

图 2-2-11 盖步动作

（四）插步

开步站立两拳抱于腰间。（图 2-2-12）右脚提起，经左脚后左侧横迈一步，脚前掌着地，两腿交叉，重心偏于左腿。（图 2-2-13）

要点：拧腰，插步要轻快。

图 2-2-12　插步预备动作　　　　　　　　图 2-2-13　插步预备动作

（五）弧行步

并步站立；两拳抱于腰间。两腿屈膝，右、左脚依次向侧前方弧线行步。（图 2-2-14）

要点：步幅连贯均匀，重心平稳，上身略向内侧倾斜。

图 2-2-14　弧行步预备动作与姿势

第三节　肩臂动作

肩臂动作，主要是增进肩关节韧带的柔韧性，加大肩关节的活动范围，发展臂部力量，提高上肢运动的灵敏、松长、转环等能力。为学习和掌握各种拳、掌等手法打下必要的专项素质基础。练习的方法有压肩、吊肩、转肩和绕肩等。

一、压肩

（一）动作说明

面对肋木或一定高度的物体开步站立。两手抓握肋木，上体前俯下振压肩。（图 2-3-1）

（二）要点

两臂、两腿要伸直，力点集中于肩部。

（三）练习步骤

步骤一：下振压的振幅逐渐加大，力量逐渐加强。

步骤二：肩压到极限时，静止不动耗肩片刻。

步骤三：压肩与耗肩交替练习。

（四）易犯错误与纠正方法

1. 易犯错误

肩部紧张，臂不直。

2. 纠正方法

练习时注意尽量沉肩，伸臂。

二、吊肩

（一）动作说明

两脚并步站立，背部朝向横杠（最好是肋木），两手反臂抓握横杠。然后下蹲，两臂拉直，或悬空吊起。（图 2-3-2）

图 2-3-1　压肩动作

图 2-3-2　吊肩动作

（二）要点

两手紧握横杠，两臂伸直，肩部放松。

（三）练习步骤

步骤一：双手反臂抓握横杠，上体前倾拉肩，并上下转动。

步骤二：屈膝下蹲，上体尽量直立，逐渐减少脚的支撑力，做向下吊肩动作。

步骤三：两脚离地，做吊肩动作。

（四）易犯错误与纠正方法

1. 易犯错误

提肩，屈臂，躬身。

2. 纠正方法

两手握紧横杠，抬头，沉肩，立身。

三、转肩

（一）动作说明

两脚开步站立，两手握棍于体前，与肩同宽，然后上举绕至体后，再从体后向上绕至体前。（图 2-3-3、2-3-4）

图 2-3-3　转肩动作（一）　　　　　　　图 2-3-4　转肩动作（二）

（二）要点

两手握距要合适，转动时两臂伸直尽力上举。

（三）练习步骤

1. 先做徒手的压肩、绕肩练习。

2. 开始握棍转肩时两手间距离可宽些，逐渐缩短距离。

（四）易犯错误与纠正方法

1. 易犯错误

屈肘，两肩未同时转动。

2. 纠正方法

适当放宽握距，强调直臂上举，同时过肩。

四、单臂绕环

（一）动作说明

左弓步，右臂伸直向前或向后立绕。（图 2-3-5）

图 2-3-5　单臂绕环

（二）要点

臂伸直，肩放松，绕环时，贴身走立圆。

（三）练习步骤

步骤一：单臂绕环要力求动作连贯，劲力顺达，肩关节充分放松，不必求快速。

步骤二：左右交替练习，注意协调发展。

（四）易犯错误与纠正方法

1. 易犯错误

肩部紧张，肘关节弯曲，绕环不走立圆。

2. 纠正方法

放慢速度，肩部尽量放松，臂伸直，贴身立绕。

五、两臂前后绕环

（一）动作说明

开步站立，两臂伸直上举与肩同宽，手心相对，左臂向前、向下、向后绕环；右臂向后、向下、向前同时绕环。（图 2-3-6、2-3-7）

（二）要点

两臂伸直，肩关节放松，以腰带臂绕立圆。

图 2-3-6 两臂前后绕环动作（一）

图 2-3-7 两臂前后绕环动作（二）

（三）练习步骤

步骤一：此动作需要一定的协调性，初次练习要放慢动作，当两臂反方向绕至体前、体后时应在一条水平线上，下落时应同时擦腿，上举时手心相对。

步骤二：动作符合要求后再逐渐加快速度，左右交替做反方向的绕环练习。

（四）易犯错误与纠正方法

1. 易犯错误

（1）两臂配合不协调，顺同一方向转动；

（2）绕臂不成立圆。

2. 纠正方法

两臂出现顺方向转动时，可向反方向连续拨动另一手臂，协助完成动作。

绕臂不成立圆，要强调以腰带臂，肘关节伸直，向上绕两臂贴头，向下绕两手擦腿。

第四节　腿部动作

一、正踢腿

（一）动作说明

并步站立；臂侧平举，立掌向两侧平撑；眼视前方。左脚向前迈半步，左腿伸直支撑，右脚跟提起。右腿伸直，脚尖勾紧向前额处踢起。右腿保持适度紧张向前下落，脚面绷平轻着地面。（图 2-4-1、2-4-2）

图 2-4-1　正踢腿动作（一）

图 2-4-2　正踢腿动作（二）

（二）要点

收腹、立腰、挺胸、脚尖勾起绷落或勾起勾落。

（三）练习步骤

步骤一：先做压腿和劈腿练习。

步骤二：手扶肋木或支撑物的原地踢腿练习。

步骤三：左右交替的行进间踢腿练习。

（四）易犯错误与纠正方法

1. 易犯错误

（1）弓身弯腿。

（2）踢腿速度缓慢无力。

2. 纠正方法

（1）强调收下颏、头上顶，立腰，两掌外撑固定胸廓。两腿膝关节挺直。放慢踢腿速度，降低踢腿高度，矫正基本身形。

（2）多做手扶支撑物的一腿连续快速的踢腿练习以增强腿部肌肉速度和力量，并要求收髋收腹，踢腿过腰后加速，脚尖勾紧要有寸劲。

二、侧踢腿

（一）动作说明

并步站立；两掌分撑于体侧；眼视前方。右脚向前盖步，身体右转，左脚尖勾起向左耳侧踢起；同时，右臂上举亮掌，左掌屈肘立于右肩前。左脚保持适度紧张下落，脚面绷平轻着地面。左脚保持适度紧张下落，脚面绷平轻着地面。（图 2-4-3、2-4-4）

图 2-4-3 侧踢腿动作（一）

图 2-4-4　侧踢腿动作（二）

（二）要点

挺胸、立腰、侧身、开髋。

（三）练习步骤

与正踢腿相同。

（四）易犯错误与纠正方法

1. 易犯错误

侧身不够，向上送髋，支撑腿弯曲。

2. 纠正方法

支撑腿脚尖外展，上体右转保持正直，摆动腿大腿根部收紧向耳侧踢。

三、外摆腿

（一）动作说明

并步站立；两掌分撑于体侧；眼视前方。左脚向前迈步支撑，右脚脚尖勾紧向左侧上方直腿踢起，经面前向右侧上方摆动，而后保持适度的紧张下落，还原成预备姿势。（图 2-4-5、2-4-6、2-4-7、2-4-8）

图 2-4-5 外摆腿动作（一）

图 2-4-6 外摆腿动作（二）

图 2-4-7 外摆腿动作（三）

图 2-4-8 外摆腿动作（四）

（二）要点

挺胸、立腰、收腹、展髋，先踢后摆，幅度要大。

（三）练习步骤

同正踢腿。

（四）易犯错误与纠正方法

1. 易犯错误

夹胯，外摆幅度不够。

2. 纠正方法

（1）加强劈叉等髋关节柔韧性练习。

（2）摆腿时可先放低高度，充分展髋加大外摆幅度。

四、弹腿

（一）动作说明

并步站立；两拳抱于腰间；眼视前方。左脚向前迈步，左腿伸直支撑，右腿屈膝提起，大腿与腰平。上动不停，右腿迅速挺膝，右脚面绷平，以脚尖为力点向前弹击，大腿与小腿成一直线，高与腰平。（图 2-4-9、2-4-10、2-4-11）

图 2-4-9　弹腿动作（一）

图 2-4-10　弹腿动作（二）

（二）要点

挺胸、收腹、立腰、收髋、挺膝，弹击要有寸劲。

（三）练习步骤

步骤一：原地提膝绷脚尖，做慢伸膝的练习，并适当加以控腿，体会动作路线及要点。

图 2-4-11　弹腿动作（三）

步骤二：上步低弹腿练习，体会爆发用力。

步骤三：行进间左右交替弹腿练习。

步骤四：结合冲拳或推掌的行进间练习。

（四）易犯错误与纠正方法

1. 易犯错误

力点不准确，屈伸不明显，类似踢摆动作。

2. 纠正方法

强调动作要点，增加提膝高度，注意脚面绷紧，脚不要抖动。并适当进行控腿训练以增强大腿肌力。

第五节　平衡与跳跃动作

一、跳跃练习

跳跃动作的练习对于增强腿部力量，提高弹跳能力具有很好的作用，是基本动作练习的组成部分之一。一般常见的和最基本的跳跃动作有腾空飞脚、旋风脚、腾空摆莲等。

（一）腾空飞脚

1. 动作说明

右脚上步，左腿向前、向上摆踢，右脚蹬地跃起，身体腾空，两臂由下向前、向头上摆起，右手背迎击左手掌。在空中，右腿向前上方弹踢，脚面绷直，右手迎击右脚面；同时左腿屈膝，左脚收控于右腿侧，脚面绷直，脚尖向下。左手在击响的同时摆至左侧方变勾手，勾尖向下，略高于肩。上体微前倾，两眼平视前方。（图 2-5-1）

图 2-5-1　腾空飞脚动作

2. 要求与要点

（1）右腿在空中踢摆时，脚高必须过腰，左腿在击响的一瞬间，屈膝收控于右腿侧。

（2）在腾空的最高点完成击响动作。拍击动作必须连续、准确、响亮。

（3）在空中时，上体正直，微向前倾，不要坐臀。

3. 练习步骤

步骤一：拍脚练习。练习方法可以原地进行，也可以行进间击拍。

步骤二：原地的或行进间的右脚蹬—左腿摆—踢摆右腿的二起脚练习。

步骤三：右腿蹬地起跳，左腿屈膝摆起，同时两臂上摆并在头上击响的踏跳练习。

步骤四：上一步或加三步助跑的完整动作练习。

4. 易犯错误与纠正方法

（1）右腿蹬伸与左腿踢摆脱节，动作不协调。可多做练习步骤三所示练习方法。

（2）起跳后，上体过于前俯，坐臀，致使重心下坠。可多做行进间的单拍脚练习。在练习中强调上体正直。在此基础上降低腾空高度，掌握正确动作。待正确动作形成后，逐步加大腾空高度，完成空中造型。

（二）旋风脚

1. 动作说明

左脚向左上步，同时左手向前、向上摆起，右臂伸直向后、向下摆动。右腿随即上步，脚尖内扣，准备蹬地踏跳。左臂向下摆动并屈肘收至右胸前，同时左臂向上、向下抡摆，上体向左旋转前俯。重心右移，右腿屈膝蹬地跳起，左腿提起向左上方摆动，上体向左上方翻转，同时两臂向下、向左上方抡摆。身体旋转一周，右腿做里合腿，左手在面前迎击右脚掌，左腿自然下垂。（图2-5-2、2-5-3、2-5-4）

2. 要求与要点

（1）右腿做里合腿时，要贴近身体；摆动时，膝挺直，由外向里成扇形。

（2）击响点要靠近面前。左腿外摆要舒展，并在击的一刹那离地腾空。初学时，左腿可自下垂。当能够熟练地完成腾空动作时，左腿逐步高摆，屈膝或直腿收控于身体左侧。

图 2-5-2　旋风脚动作（一）

图 2-5-3　旋风脚动作（二）

图 2-5-4　旋风脚动作（三）

（3）抡臂、踏跳、转体、里合右腿等环节要协调一致。身体的旋转不少于270°。

3.练习步骤

步骤一：原地的或行进间的里合腿加转体90°的练习。

步骤二：原地的或行进间左腿外摆、右腿里合的转体击响练习。

步骤三：不加腿法的抡臂旋体跳转360°的翻身跳练习。

步骤四：跳起的转体90°的击响练习。逐步增加转体180°、270°的练习。

4.易犯错误与纠正方法

（1）上下脱节，转体角度不够，动作不协调。多做转体360°的翻身跳练习。在不加腿法的翻身跳练习中，要求上下协调，提高身体的旋转能力。

（2）跳起后，两腿摆动时屈膝、坐髋。可多做转左外摆右里合的腿法练习。在练习中强调伸膝的正确姿态。

（3）跳起后上体后仰。在提左膝、右腿单脚跳转360°的练习中，加强锻炼，上体直立、头部上顶。

二、平衡练习

平衡动作分为持久平衡和非持久平衡两种。持久平衡要求平衡动作完成后，保持两秒钟以上的静止状态；非持久平衡没有时间上的要求，只要求完成动作后出现静止状态。要做好平衡动作、不仅要求腰、髋有较好的柔韧性，而且要有较好的肌肉控制力量。平衡动作的种类很多，下面选取了最基本的提膝平衡和燕式平衡两种，供教学参考。

（一）提膝平衡

1.动作说明

右腿伸直支撑，左脚屈膝提起（过腰），脚面绷直，并垂扣于右腿前侧，两

眼向左平视。（图 2-5-5）

2.要求与要点

平衡站稳，提膝过腰，脚内扣。

3.练习步骤

步骤一：原地屈膝抱腿练习。即一手扣住脚背，另一手抱膝，两手合力使大小腿向腹部贴紧，膝向胸部靠近，以增加提膝高度。

步骤二：向左右两侧跨步的提膝动作练习，并结合控腿，以提高稳定性。

图 2-5-5　提膝平衡动作

4.易犯错误与纠正方法

（1）站不稳。纠正方法：摇摆时，支撑腿稍屈膝调节，脚趾抓地。

（2）勾脚。纠正方法：强调屈膝、绷脚面。

（二）燕式平衡

1.动作说明

右腿屈膝提起，两掌在身前交叉，掌心向内。然后，两掌向两侧直臂分开平举，上体前俯，右脚向后蹬伸，成燕式平衡。（图 2-5-6）

图 2-5-6　燕式平衡动作

2. 要点与要求

两腿伸直、后腿高举、展腹、挺胸、抬头，腰背成反弓形。

3. 练习步骤

步骤一：做劈纵叉和扶肋木的后摆腿练习，注意抬头，腰背肌要用力。

步骤二：手扶支撑物，做后举平衡练习，逐渐过渡到手离支撑物的控腿练习。

步骤三：完整动作练习。

4. 易犯错误与纠正方法

（1）支撑不稳。支撑腿脚尖稍内扣，五趾抓地。

（2）造型不美（腰背未成反弓状、两腿伸不直、后举腿高度不够或勾脚尖）。严格按练习步骤进行训练，加强髋关节和腰背肌的柔韧和力量练习，并适当采取保护方法，一手托胸，一手托后举腿，矫正姿势，协助完成动作。

第六节 跌扑滚翻动作

跌扑滚翻练习，对于培养前庭器官的稳定性，以及提高协调、灵巧、速度力量等素质，都起着良好的作用。下面选了五个动作供教学参考。

一、抢背

（一）动作说明

右脚在前，左脚在后，两脚交错站位。左脚从后向上摆起，右脚蹬地跳起，团身向前滚翻，两腿屈膝。（图 2-6-1、2-6-2、2-6-3）

（二）要求与要点

肩、背、腰、臀要依次着地，滚翻要圆、要快，立起要迅速。

图2-6-1　抢背动作（一）

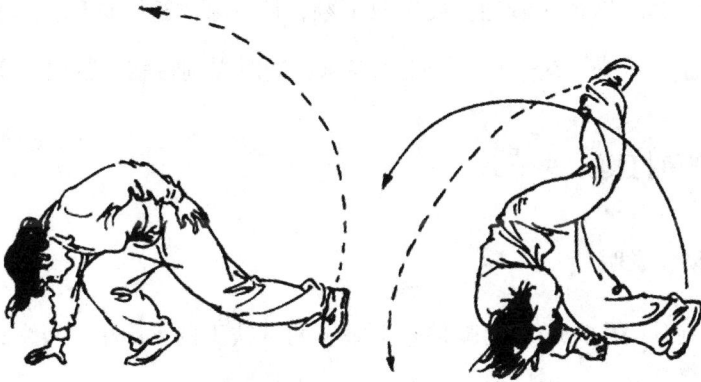

图2-6-2　抢背动作（二）

图2-6-3　抢背动作（三）

（三）练习步骤

步骤一：做前滚翻，体会收下颏、含胸、收腹把身体团紧的要领。

步骤二：先做以右手扶地的抢背，再做腾空跃起的抢背动作。

（四）易犯错误与纠正方法

1. 易犯错误

团身不够，滚翻不圆。着地顺序不对，形成侧身滚动的错误。

2. 纠正方法

强调右臂插向左腋下，头向左转，使下颏靠近左肩，滚翻时先以右肩着地，接着再以背、腰、臀依次着地。要求收下颏，使下颏挨近胸锁部位，在跃起的一刹那间教师用"低头"这一呼号来提示要求。同时强调含胸、收腹、团身。

二、鲤鱼打挺

（一）动作说明

身体仰卧。（图 2-6-4）两腿伸直上举，两掌扶于两大腿上。（图 2-6-5）两腿向前下方打腿，同时挺胸、挺腹、头顶地，使身体腾空跃起。（图 2-6-6）

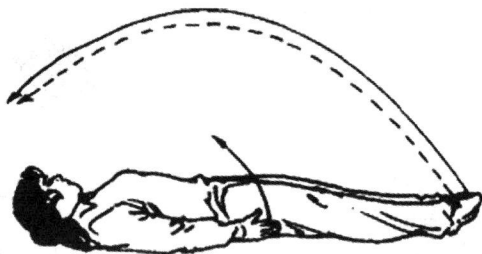

图 2-6-4　鲤鱼打挺动作（一）

（二）要点

打腿与挺腹要快速一致，两脚站立宽不过肩。

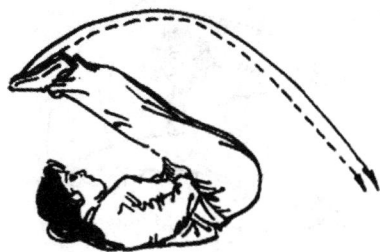

图 2-6-5　鲤鱼打挺动作（二）　　　　图 2-6-6　鲤鱼打挺动作（三）

（三）练习步骤

步骤一：保护练习。当练习者向上打腿挺腹时乘势插手将他托起。

步骤二：先做两手在两耳侧推地的振摆打挺，然后再逐步做到脱手的打挺。

（四）易犯错误与纠正方法

1. 易犯错误

打腿与挺腹动作配合不协调，致使完不成动作。打腿速度慢，腹、背肌力差，致使完不成动作。

2. 纠正方法

多做保护帮助练习，体会和掌握抬头、挺胸、展腹、送髋的动作要领。采取保护帮助练习。加强腹背肌素质练习。

三、乌龙绞柱

（一）动作说明

左腿屈膝贴地，右腿伸直，上体直立，两手扶地。（图 2-6-7）上体后仰，右腿伸直向左平扫，同时右臂侧摆。（图 2-6-8）上动不停，上体向后仰翻，两腿上

举相绞；随之双手扶地上推，使身体成倒立状。（图 2-6-9）

图 2-6-7 乌龙绞柱动作（一）

图 2-6-8 乌龙绞柱动作（二）

图 2-6-9 乌龙绞柱动作（三）

（二）要点

两腿相绞时，要立腰、顶肩、顶头、推手、撑臂。

（三）练习步骤

步骤一：先做肩臂倒立练习。

步骤二：做腰背着地的扫腿上举相绞动作练习。

步骤三：逐步使腰背离开地面，将腰、腿向上竖起。

步骤四：完整练习。

（四）易犯错误与纠正方法

1. 易犯错误

扫腿幅度小，两腿上举相绞不明显。腰背的顶力和两臂撑力不足。

2. 纠正方法

加大两腿扫转的幅度和速度，向上顶起时要借旋转的惯力两腿相绞举腿，不可单纯地做举腿动作。加强肩背倒立和两臂撑起的动作练习。

四、侧空翻

（一）动作说明

并步站立，两臂垂于体侧；眼视前方。（图 2-6-10）左脚上步蹬地，右腿向后上摆起；同时上体左倾，身体在空中做侧翻动作。右脚先落地，左脚随之落地。（图 2-6-11、2-6-12、2-6-13、2-6-14、2-6-15）

图 2-6-10　侧空翻动作（一）　　　　图 2-6-11　侧空翻动作（二）

（二）要点与要求

蹬地要短促有力，向上打腿要快，抬头、提腰、两腿伸直，落地要轻。

图 2-6-12　侧空翻动作（三）

图 2-6-13　侧空翻动作（四）

图 2-6-14　侧空翻动作（五）

图 2-6-15　侧空翻动作（六）

（三）练习步骤

步骤一：手扶肋木，做快速蹬地、摆腿的练习。

步骤二：做手翻练习。

步骤三：设立保护者帮助练习。当练习者蹬地、向上打腿时，保护者托其腰部，帮助完成动作。

步骤四：结合击步或垫步做侧空翻练习。

（四）易犯错误与纠正方法

1. 易犯错误

蹬地无力，打腿速度慢。向下栽头，弯腿。

2. 纠正方法

左脚踏跳要短促，并富有弹性和爆发力，使踝、膝、髋关节充分伸展。可结合练习步骤一的方法加强练习，以提高蹬地和打腿的速度与力量。

蹬地后要注意抬头、提腰，两腿膝关节伸直。也可采取一手顶托其肩部，另一手掀其腰部的保护方法，帮助练习者体会正确的动作要领。

第七节　基本动作的组合

组合动作，是把几个单势动作合理地连接在一起形成的动作结合。它是构成段落的基础，是套路的主干部分，在套路练习中占有重要位置。

编排组合动作，要掌握由易到难、由简到繁的原则。编排的动作不宜太多，一般以三至五个动作为佳。通过组合动作的练习，可以在掌握基本动作的基础上，进一步提高各类动作的质量。增强身体的协调能力，掌握动作与动作之间的衔接要领，是学习套路的基础，也是提高难度较大的动作质量的有效手段。这里，选编部分组合动作供大家练习。

一、步型与步法的组合练习

（一）弓步与马步的组合练习

1. 动作说明

动作组合：弓步推掌—拗弓步冲拳—马步冲拳—并步抱拳。

弓步推掌：并步抱拳。左脚向左迈出一步成左弓步；同时左拳变掌由腰间向

前推出成立掌，手指向上。眼看左手。（图2-7-1）

图2-7-1 弓步推掌

拗弓步冲拳：弓步不动，右拳由腰间向前冲出成平拳，同时左掌收回腰间抱拳。两眼平视。（图2-7-2）

图2-7-2 拗弓步冲拳

马步冲拳：上体向右转体90°成马步，右拳收至腰间；同时左拳由腰间向左冲出成平拳。两眼向左平视。（图2-7-3）

并步抱拳：左脚收回靠拢，同时左拳收回腰间成并步抱拳。（图2-7-4）

右势动作相同，方向相反。

2.要求与要点

弓步换马步时，以左脚跟和右脚掌为轴，迅速转动成马步。重心移动时，弓马步姿势不要有起伏。推掌要顺肩，冲拳要拧腰、顺肩、沉髋。

图2-7-3　马步冲拳　　　　　　　　　图2-7-4　并步抱拳

3. 练习步骤

步骤一：先做推掌、冲拳练习。推掌要逐渐达到顺肩，力量传递于掌根和小指一侧。冲拳要求做到顺肩、拧腰，逐渐使力量达于拳端。

步骤二：再结合步型做顺步推掌、拗弓步冲拳、马步冲拳。左右势可反复交换练习，逐渐增加数量，以提高腿部力量与上肢动作的协调性。

4. 易犯错误和纠正方法

（1）易犯错误：弓步拔根，马步脚尖外撇、凸腰。

（2）纠正方法：弓步，后脚尖内扣，挺膝；马步脚尖向前，扣膝，挺胸、塌腰。

（二）仆步与虚步的组合练习

1. 动作说明

动作组合：提膝穿掌—仆步穿掌—虚步挑掌

提膝穿掌：并步抱拳。左拳变掌经下向上、向右按掌，随即左腿屈膝提起；同时右拳变掌由左手背上向斜上方穿出，手心向上；左手顺势收于右腋下，上体

微右转。目视右掌。（图 2-7-5）

图 2-7-5　提膝穿掌

仆步穿掌：右腿屈膝下蹲，左脚迅速平伸成左仆步；同时左手经胸前向下沿左腿内侧穿掌至脚面；右手成侧立掌，手指向上。眼看左手。（图 2-7-6）

图 2-7-6　仆步穿掌

虚步挑掌：右脚前上一步成右虚步；同时右手向下划弧上挑，掌指与肩平；左手经上向后划弧成正勾手，微高于肩。两眼平视。（图 2-7-7）

继续练习，动作相同，方向相反。收势：两脚并拢，两手抱拳。（图 2-7-8）

2.要求与要点

左提膝与右穿掌要同时完成。仆步要拧腰、转头。穿掌动作要协调一致。上步变虚步时，重心要落于后腿，前脚尖虚点地面。

图 2-7-7 虚步挑掌

图 2-7-8 收势

3. 练习步骤

步骤一：提膝、仆步、虚步可做分解动作练习，并可左右交换。

步骤二：仆步结合穿掌练习，左右交换。

步骤三：提膝与穿掌结合起来练习。练习时，手扶撑物体，屈膝控腿，接着下蹲，用脚尖点地，重心落于下蹲腿，做上下反复练习，以增加腿部力量。

4. 易犯错误和纠正方法

（1）易犯错误：提膝不过腰，掌穿得慢，仆步翻臀，穿掌仆步不协调，虚步实步不明确，身体前倾。

（2）纠正方法：提膝：一腿支撑，一腿屈膝，一手抱膝，一手抱脚做抱腿，再配合穿掌练习。仆步：一腿全蹲，一腿伸直，两手抱着两脚脚腕左右交换做压腿和穿掌的配合练习。虚步：一腿提膝过腰，一手扶撑物体做半蹲，大腿蹲平，提膝腿的脚尖点地，重心落于半蹲腿，反复做提膝下蹲练习。

二、跳跃组合练习

（一）高虚步上冲拳—击步挑掌—腾空飞脚—仆步亮掌

1. 动作说明

高虚步上冲拳：并步抱拳。右脚向右侧跨一步，同时左拳变掌由下向左前上方举起，掌心向右。右拳在左掌上举的同时由下向身后分摆，上体微右转。目随左掌。左掌向右、向下经面前屈肘收于右胸前，拇指一侧贴胸，掌指朝上。同时右臂微内旋，屈肘贴身向上冲拳，拳心朝左前方。在右拳上冲的同时，重心右移，左脚收于身前，脚尖虚点地面成高虚步。头部左转，目随左掌转视左前方。（图 2-7-9）

图 2-7-9　高虚步上冲拳

击步挑掌：左脚向左上步，同时右拳变掌由上向下沿左肩前直臂向前、向下切掌，掌指朝前，掌心向左；左掌在右掌下切的同时插于右腋下，上体侧对前方。目视前方。左脚蹬地跳起，在空中以右脚碰击左脚。同时两臂体前交叉，前后分摆，右臂向下、向后摆至体后，掌心向右；左臂于右臂内贴身向下、向前挑掌，掌指朝前，掌心朝右，左肩前顺。随即右脚落地，左脚随之前摆在体前落步。目随左掌，平视前方。（图 2-7-10）

图 2-7-10　击步挑掌

腾空飞脚：右脚随即上步并蹬地跳起，同时左腿向前、向上摆起。两臂在上挑的同时，由下向前、向上摆动。到头顶上方时，用右手背迎击左手掌。在空中，右脚向前、向上弹踢，脚面绷平，并以右手掌迎击右脚面；同时左掌分摆到左侧方变勾手，勾尖向下。左腿在击响的一刹那，屈膝收控于胸前（右腿侧），上体前倾，目视前方。左脚落地，右脚下落至身前微提控制。（图 2-7-11）

图 2-7-11　腾空飞脚

仆步亮掌：右脚在身前落步，随之右臂外旋并向右前方举起，右肩前顺；左掌收于左腰间。目视右手。右掌继续向上、向左、向下、向右屈肘抖腕并在头部右上方亮掌；同时左掌从右臂内穿出，经右胸前向前、向左、向后划弧，摆至左腰后侧变勾手。右腿在亮掌的同时，屈膝下蹲，左腿伸直平仆成左仆步。上体左转，目随右手，转视左前方。（图 2-7-12）

图 2-7-12　仆步亮掌

2. 要求与要点

向上冲拳时注意上臂贴耳。冲拳、转头、拧腰三个动作要同时完成。上体要挺拔，精神要贯注。

击步时注意两脚要在空中相击，向前要有冲力，同时要注意屈膝，以便使重心下降。上体要顺肩、立腰。

仆步亮掌注意抖腕亮掌、转体、下势变换仆步三者要协调一致。上体挺胸立腰、微前倾。

由击步挑掌衔接腾空飞脚、仆步亮掌时，步法要清晰，中间勿附加和停滞。

3. 练习步骤

步骤一：击步接腾空飞脚的衔接练习。

步骤二：腾空飞脚下落时收控右腿落地的练习。

步骤三：完整组合的练习。

4. 易犯错误和纠正方法

（1）击步时不能顺肩挑掌或重心过高。

纠正方法：注意挑掌时两肩顺直，左肩侧对前方。击步时，要屈膝下蹲，借以降低重心。

（2）接腾空飞脚时，进步过大或过小，影响起跳，致使踏跳匆迫或滞缓。

纠正方法：多做带击步的腾空飞脚动作，克服自由助跑接腾空飞脚的习惯。

（3）飞脚落地时，右腿过于放松，形成不自主的落地动作，造成步法紊乱或附带多余动作。

纠正方法：腾空飞脚下落时要收腹，注意控制右脚的落地。

（二）高虚步亮掌—旋风脚—提膝亮掌

1. 动作说明

预备姿势：高虚步亮掌。（图 2-7-13）

旋风脚：左脚向左上步，同时左手向前微摆，右臂伸直向后平摆。右脚随即上步，脚尖内扣。左臂屈肘收至右胸前，同时右臂向上、向前抡摆。上体向左旋转并前俯。重心右移，右腿屈膝蹬地跳起，左腿提起向左后上方摆动，上体向左后上方旋转，同时两臂向下、向左后上方抡摆。在空中，身体旋转一周，右腿作里合腿，左手在面前迎击右脚掌。（图 2-7-14）

图 2-7-13 高虚步亮掌

图 2-7-14 旋风脚

提膝亮掌：左脚落地，右脚相继于身前落地。随即右臂前伸，前臂外旋，左掌同时向左、向后分摆至体后。上体左转，右肩前顺，目随右掌。右掌继续向上、向左、向下、向右划弧，屈肘、抖腕于头部右上方亮掌，同时左掌由后向前、向上从右臂内侧穿出并向左、向后划弧至体后变反勾手，高与腰平。左腿在右手抖腕亮掌的同时，屈膝上提，脚面绷平，脚尖下垂内扣，右腿伸膝直立。上体左转，目视前方。（图 2-7-15）

图 2-7-15　提膝亮掌

2.要求与要点

上步接旋风脚时，上步踏跳与抡臂要协调一致。旋风脚落地接提膝亮掌时，注意降低重心。提膝亮掌时的穿手、提膝、转身和亮掌等要协调一致。

3.练习步骤

步骤一：先练习动作之间的衔接，待动作间的衔接关系掌握后，再做完整的组合练习。

步骤二：在正确掌握单势动作的基础上，注意中间衔接动作的轻重缓急。

步骤三：重点练习旋风脚的起落，这是衔接前后动作的关键。

4.易犯错误和纠正方法

（1）接旋风脚时，两臂抡动僵滞，转动角度不够。

纠正方法：多做附有抡臂的旋风脚练习。上步时注意脚尖内扣。

（2）接提膝亮掌时，由于旋风脚落地不稳造成步法上的附加动作。

纠正方法：注意旋风脚落地时的稳健性。

第八节　武术运动的形式

一、套路运动

（一）五步拳

1. 预备势

并步抱拳目视左方。（图 2-8-1）

2. 弓步冲拳

左脚向左迈出一步成左弓步；同时左手向左平搂后收回腰间抱拳，右拳向前冲拳；目视前方。（图 2-8-2）

图 2-8-1　五步拳预备势

图 2-8-2　弓步冲拳

3. 弹踢冲拳

重心前移至左腿支撑，右腿屈膝提起再向前弹踢；同时左拳由腰间向前冲拳，右拳收回腰间抱拳；目视前方。（图 2-8-3）

4.马步架打

右脚内扣落地，身体左转 90°，两腿屈膝下蹲成马步。同时左拳变掌，屈臂上架，右拳由腰间向右冲拳头右转，目视右方。（图 2-8-4）

图 2-8-3　弹踢冲拳

图 2-8-4　马步架打

5.歇步冲拳

重心稍起，身体左转，左脚经右脚后后插成右歇步；同时右拳变掌经头上向下盖，掌外沿向前，左掌变拳收回腰间；目视右手。接着左拳向前冲拳，右掌变拳收抱腰间；目视左拳。（图 2-8-5）

图 2-8-5　歇步冲拳

6.提膝穿掌

身体立起左转，右脚内扣支撑，左腿屈膝提起。同时左拳变掌收至右腋下，手心向下；右拳变掌，掌心向上由左手背上穿出；右掌拇指向上，目视右掌。
（图2-8-6）

7. 仆步穿掌

左脚向左落地成左仆步；左掌指朝前沿左腿内侧穿出；目视左掌。（图2-8-7）

图2-8-6　提膝穿掌

图2-8-7　仆步穿掌

8. 虚步挑掌

左腿屈膝支撑，右脚蹬地向前上步成右虚步。同时左手向上挑起、向后划弧
成勾手，略高于肩；右手由后向下、向前顺右腿外侧向上挑掌，高与肩平；目视
前方。（图2-8-8）

9. 收势

左脚向右并步，双手收回腰间抱拳。（图2-8-9）

图2-8-8　虚步挑掌

图2-8-9　五步拳收势

（二）初级长拳

长拳，是一种拳术流派的总称。它是在综合整理查、花、炮、红、洪、华、少林等拳术的基础上创编而成，是现代武术教学和竞赛的主要内容之一。

1956年后相继问世的初级长拳一、二、三路，青年长拳都属于长拳的范畴。长拳姿势舒展、工整、动作灵活、敏捷，并多起伏转折、蹿蹦跳跃、跌扑滚翻等动作和技术。其特点是：动作舒展大方、快速有力、节奏鲜明、灵活多变。

1. 预备势

两脚并步站立，两臂垂于体侧。（图2-8-10）

2. 虚步亮掌

右脚向右后方撤步，成左弓步；同时，右掌经右向前上方砍掌；左掌提至腰侧掌心向上；目视右掌。（图2-8-11）

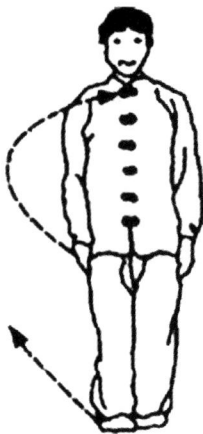

图2-8-10 初级长拳预备势　　　　图2-8-11 虚步亮掌（一）

重心移至右腿，右腿屈膝下蹲，成左虚步。同时，右掌经腰侧向右后、向上划弧，在头前上方抖腕成亮掌；左掌经胸前从右臂上向前穿出伸直，然后内旋向左后划弧成勾手，勾尖向上。目视左方。（图2-8-12）

3. 并步对拳

右腿蹬直，左腿提膝，脚尖里扣，上肢姿势不变。（图 2-8-13）

图 2-8-12　虚步亮掌（二）　　　　图 2-8-13　并步对拳（一）

左脚向前落步，重心前移；左勾手变掌，经左腰侧向前穿出；同时，右臂外旋下落于左掌旁，两掌同高，掌心向上。（图 2-8-14）

右脚向前一大步，左脚向右脚并步。两臂下落，再向外、向上经胸前屈肘下按，两掌变拳，拳心向下，停于小腹前；眼视左侧。（图 2-8-15）

图 2-8-14　并步对拳（二）　　　　图 2-8-15　并步对拳（三）

4. 弓步冲拳

左腿向左侧上一步，成左弓步；左臂向上、向左格打后，收至腰侧，右拳收

至腰侧后向前冲出，高与肩平，成立拳；眼视右拳。（图2-8-16）

图2-8-16　弓步冲拳

5. 弹腿冲拳

重心移至左腿，右腿屈膝提起，脚面绷直，猛力向前弹出伸直；同时，左拳向前冲出，右拳收至腰侧；眼视前方。（图2-8-17）

图2-8-17　弹腿冲拳

6. 马步冲拳

右脚向前落步，脚尖里扣，上体左转，左拳收至腰侧，两脚下蹲成马步；右拳向前冲出；眼视右拳。（图2-8-18）

7. 弓步冲拳

上体右转90°，右脚外撇，左腿蹬直，成右弓步；右臂屈肘向右格打后，收

至腰侧，左拳向前冲出；眼视左拳。（图 2-8-19）

图 2-8-18　马步冲拳

图 2-8-19　弓步冲拳

8. 弹腿冲拳

重心前移至右腿，左腿屈膝提起，脚面绷直，猛力向前弹出伸直；左拳收至腰侧，右拳向前冲出；眼视前方。（图 2-8-20）

9. 大跃步前穿

左腿屈膝；右拳变掌内旋，以手背向下挂至左膝外侧，上体前倾；眼视右手。（图 2-8-21）

图 2-8-20　弹腿冲拳

图 2-8-21　大跃步前穿（一）

左拳变掌，向后向下伸直。左脚向前落步；右腿屈膝向前摆起，左腿猛力蹬地向上向前跃起。同时，两掌向前、向上划弧摆起，与两腿形成腾空。（图 2-8-22）

右脚落地全蹲，左脚随即落地向前铲出成左仆步；右掌变拳抱于腰侧，左掌由上向右下按成立掌，停于右胸前；眼视左脚。（图2-8-23）

图2-8-22 大跃步前穿（二）

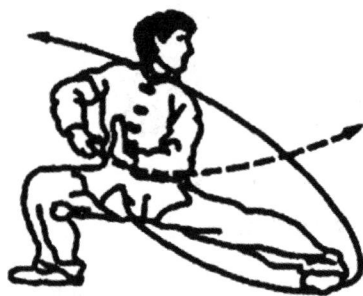

图2-8-23 大跃步前穿（三）

10.弓步推掌

右脚猛力蹬直，成左弓步。左掌经左脚面向后划弧至身后成勾手，臂伸直，勾尖向上，右拳变掌，由腰侧向前推出，掌指向上；眼视右掌。（图2-8-24）

11.马步架掌

右脚外撇，左脚尖里扣，重心移至两腿之间，上体右转成马步；同时，左勾手变掌，由后经左腰侧从右臂内侧向前上穿出至左上方屈肘抖腕，亮掌于头左上方，掌心向前，右臂屈肘，立掌于左胸前；眼转视右方。（图2-8-25）

图2-8-24 弓步推掌

图2-8-25 马步架掌

12. **虚步栽拳**

重心左移，右脚蹬地，屈膝提起；左腿伸直，以前脚掌为轴向右后转体180°。右掌由左胸前向下经右腿外侧向后划弧成勾手；左臂随身体转动并外旋，使掌心朝右，眼视右手。右脚向右落地，重心移至右腿，下蹲成左虚步；左掌变拳下落于左膝上，拳眼向里，拳心向后；右勾手变拳，屈肘向上架于头右上方，拳心向前；眼视左方。（图 2-8-26）

13. **提膝穿掌**

右腿蹬直，左腿屈膝提起，脚尖里扣；右拳变掌收至腰侧，掌心向上，左拳变掌向右上划弧盖于头上方，右掌经左臂内向右前上方穿出，掌心向上，左掌收至右胸前成立掌；眼视右掌。（图 2-8-27）

| 图 2-8-26　虚步栽拳 | 图 2-8-27　提膝穿掌 |

14. **仆步穿掌**

右腿全蹲，左腿向左后方铲出成左仆步；右臂不动，左掌由右胸前向下经左腿内侧向左脚面穿出；眼随左掌转视。（图 2-8-28）

15. **虚步挑掌**

右腿蹬直，重心前移至左腿，成左弓步；左掌随重心前移向前挑起，再向上划弧成立掌；右腿向左前上方上步成右虚步；同时，右掌由上至下，跟随右脚上步向前上挑起成立掌，指尖与眼平，左掌由前向上向后划弧成立掌；眼视右掌。
（图 2-8-29）

图 2-8-28　仆步穿掌

图 2-8-29　虚步挑掌

16. 马步推掌

右脚落实，脚尖外撇，重心右移；左掌变拳收至腰侧，右掌俯掌向外搂手。
（图 2-8-30）

图 2-8-30　马步推掌（一）

左脚向前一步，右脚为轴向右后转体 180°，下蹲成马步；左拳变掌从右臂上立掌向左侧击出，右掌变拳收至腰侧；眼视左掌。（图 2-8-31）

17. 叉步双摆掌

重心稍右移，右脚向左腿后插步；同时，右拳变掌，两掌向下、向右，再向上、

向左摆，停于身体左侧，均成立掌；眼随双掌转视。（图 2-8-32）

图 2-8-31　马步推掌（二）

图 2-8-32　叉步双摆掌

18. 弓步推掌

左腿后撤一步，成右弓步；左掌收至腰侧，立掌向前推出；同时，右掌向上向右、向下、向后划弧，成反臂勾手，勾尖向上眼视左掌。（图 2-8-33）

19. 转身踢腿马步盘肘

两脚以前脚掌为轴向左后转体 180°；同时，左臂向上、向前、向下、向后划立圆，右臂勾变掌向下、向后、向上、向前划立圆。（图 2-8-34）

上动不停，右臂向下成反臂勾手，勾尖向上；左臂向上成亮掌，掌心向前上方；右腿正踢腿。（图 2-8-35）

图 2-8-33　弓步推掌

图 2-8-34　转身踢腿马步盘肘（一）

图 2-8-35　转身踢腿马步盘肘（二）

右腿向前落地，脚尖里扣，上体左转 90°，两腿下蹲成马步；同时，左臂下落至胸前，掌向前、向左平搂变拳收至腰侧，右勾手变拳，右臂伸直，由体后向左、向前平摆，至体前屈肘，肘尖向前，高与肩平，拳心向下；眼视肘尖。（图 2-8-36）

图 2-8-36　转身踢腿马步盘肘（三）

20. 收势

左脚后退半步向右脚并拢；两臂由后向上经体前屈臂下按，两掌变拳停于腹前，拳心向下，拳面相对；眼视左方。（图 2-8-37）

还原拳变掌，两臂自然下垂；眼正视前方。（图 2-8-38）

图 2-8-37　长拳收势（一）

图 2-8-38　长拳收势（二）

二、攻防格斗

（一）缠丝手

1.动作说明

缠丝手是扣压对方手腕的擒拿动作，又称"小缠"。一般在对方俯手顺抓手腕时使用。例如，对方以右手俯手顺抓右腕。（图2-8-39）速以左手按其右手背扣紧，右手随之从下向左、向上缠于其右腕上，同时右小臂外旋，使对方右手内旋成拇指向下，以掌沿着力向下压其腕部。掌下压时，可以保持对方肘关节处于90°，拿其跪地。（图2-8-40）也可拉直对方肘关节，拿其背转，使其手臂内旋受制。（图2-8-41）

图2-8-39　缠丝手动作（一）

图2-8-40　缠丝手动作（二）

图2-8-41　缠丝手动作（三）

2.要点

必须按扣住对方右手背，防止挣脱。欲使对方肘关节处于90°受制，应前倾上体，以增加拿的臂力。要防其左手反击。欲拉直对方肘关节时，动作应迅速，不使之屈；同时以上体右转加力，还可以以左肘下压其右肘部。要注意防其左转身击头部。

（二）扣手反臂法

1.动作说明

"扣手反臂"是主动应用反关节技术擒捕对手的方法。例如，对方以右手向胸部击来或抓住胸部。可右转身，让过其力锋，及时用右手将其右腕（或手）扣按于胸部。（图2-8-42）继续向右转身，尽量使对方右臂被反拧，同时用左小臂向下压按对方左肘。（图2-8-43）

2.要点

扣按其手于胸要紧，动作要迅速，转身时以腰为轴，上体须略前倾。

三、功法运动

（一）浑元桩

浑元桩是武术运动中的基本桩式，又称为"混元桩""无极桩""太极桩"等。

"浑元"意指天地，天地能滋生万物。取此意，武术运动中诸多桩式都由浑元桩衍生而成，浑元桩的基本要领也被各类桩功广泛吸收利用。

图 2-8-42　扣手反臂动作（一）

图 2-8-43　扣手反臂动作（二）

1.动作说明

并步直立；两眼平视，精神内敛，呼吸平缓。

身体重心微移向右脚，左脚向左侧开步，间距同肩宽，脚尖朝前；眼平视；要求缓慢开步，起步时吸气，落步时呼气。

两手心相对，五指自然分开，以拇指尖领劲，两臂向前上举起至拇指与肩齐高；紧接着肩、肘、腕关节微微向下松沉，同时两手手指向内回至间距约十厘米，肩、背、肘向外微微撑开，使两臂拥圆；与上肢动作同时，两腿微松胯屈膝，使重心微微下降；眼仍平视。要求动作缓慢，起臂时吸气，向下松沉时呼气。

重心移向右脚，然后收并左脚；两臂自然下垂如预备势；要求收步时吸气，落臂时呼气。（图 2-8-44）

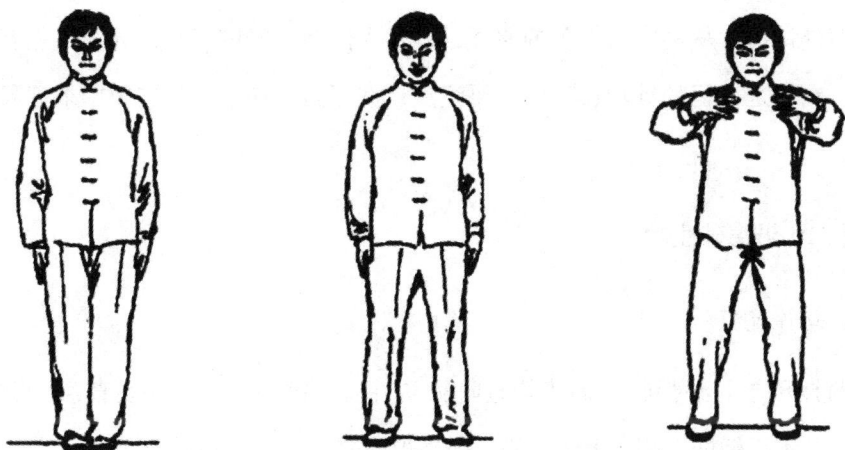

图 2-8-44　浑元桩动作

2. 要点

浑元桩要求做到"上悬下沉、前捆后撑、四平、四到"。所谓"上悬下沉"，指头顶百会穴要有向上领起之意，似有绳悬一般。头顶以下部位则随地球引力放松下沉。人体经此上下对拉，促成头顶百会穴、鼻下人中穴、腹部丹田穴和裆下会阴穴上下对照成一条垂直线，这条垂直线与身体重心的投影线正好重合。做到"上悬下沉"后能松开身体各关节，出现沉肩、坠肘、塌腕、松腰、落胯的形态。所谓"前捆后撑"，指两臂含有向前向外的拥劲，背部含有向后的撑劲。使背、肩、臂、手构成一个呈内合之形、含外开之劲的圆。所谓"四平"，包括头平、肩平、膝平、脚平，头平指头顶平正，颈项顺直肩平指两肩放平，耳不歪斜，肩平则身正；膝平指两膝齐平，无前后交错，无高低不等，无左右歪斜，膝平则腿正；脚平指两脚掌齐平，脚底平平着地，十趾抓牢。所谓"四到"，指意到、气到、力到、身到。

3. 练习步骤

首先运用"消除妄动，从静中获得"的原理，锻炼丹田内气。随后，运用"以意领气，在身内周流"的原理，锻炼气流顺畅、随意运动的能力。此后，运用"应外诱潜，从动中获得"的原理，以意念体会人身内气与外界大气相互交融流转。在持之以恒的练功过程中，要注意贯彻"微量递增，从有限中求无限"的原理。

（二）调息养生功

1. 动作说明

两脚开立，与肩同宽，脚尖均直向前方，两臂自然下垂，头颈要直，表情自然，口微闭，舌头轻抵上腭；上体放松；眼平视前方。

两臂由两侧向上慢慢抬起，待起至与肩平时，两前臂外旋，两掌慢慢翻转向上，然后屈肘，两掌收于两额前方，掌心均向下；眼仍平视前方。

上式不停，两掌慢慢由面部两侧经胸前向下落，同时屈膝松胯，身体随之下蹲两掌由腹前慢慢向身体两侧分开，停于髋关节前方，指尖向前，虎口向内，腕部微向下塌。身体正直，胸要含，腰要松，敛臀，提肛，腹部舒松，气沉丹田；眼平视前方。（图 2-8-45、2-8-46）

2. 练习方法

此功既可锻炼上体放松和培养下肢力量，又能使初学者逐步体会怎样用意去引导动作，动作又怎样自然地结合呼吸，使意、气、动三者结合联系起来。

初学健身功法（包括各种气功动功）时，应采用自然呼吸。待熟练之后，逐步在顺乎自然的前提下，采用合适的速度，根据起吸落呼的原则，使动作和呼吸相结合。方法是：当两臂由下向上起时，结合吸气；当两掌经胸前下落身体下蹲时，应随着落势含胸、松肩，结合呼气，同时有意识地使腹部充实，气沉丹田，运用逆腹式呼吸的方法。实践证明，慢性病患者运用此法练功，效果很显著。如果结合呼吸感到困难，则应继续采用自然呼吸，不要勉强结合。

图 2-8-45　调息养生功动作（一）

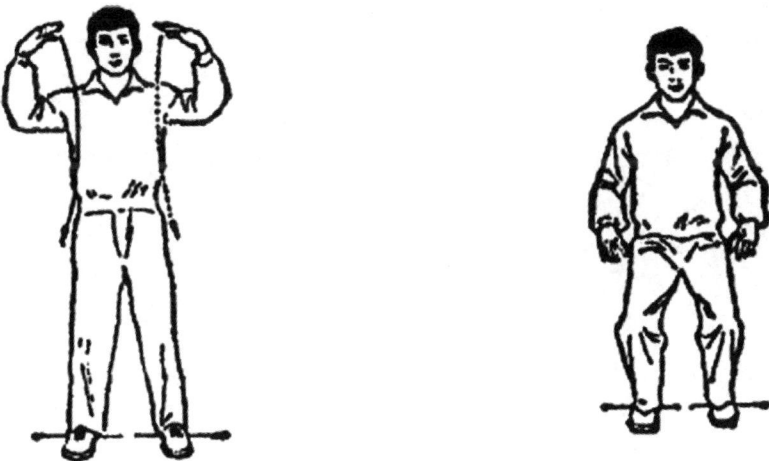

图 2-8-46　调息养生功动作（二）

上式还可以作为一种整理动作，当做完某些功法和拳法，感到呼吸短促不平时，用它来放松一下肢体，调顺气息，效果也是非常好的。

这套功法能帮助学生怎样用意识去引导动作和用腹式呼吸方法，使意、气、动三者有机结合。

3. 要点

用腹式呼吸方法，根据起吸落呼的规律，使动作与呼吸协调一致。

第三章　中国传统武术文化的内涵

本章从中国武术与中国美学文化、中国武术与中国伦理道德文化、中国武术与中国传统艺术以及中国武术文化和西方竞技体育文化的对比四个方面为出发点阐述中国武术文化的内涵。

第一节　中国武术与中国美学文化

一、我国古代美学的特质

美学是研究人对现实审美关系的一门学科。它的研究对象包括审美对象、审美意识和联系二者的审美关系，即美的本质、根源、美的各种存在形态，以及它们的本质特征、相互关系等。我国传统美学具有丰厚的文化蕴涵，是中华民族生命意识的洋溢，它在发展演变过程中呈现出生生不息的生命力。

在我国古代，关于美的本质的探讨更多的是通过对"道""气""妙"的探讨而反映出来。与西方美学思想相比，中国古代美学思想更强调宇宙本身的意蕴和人的精神境界。如"比德说"，即从不同角度联想和想象自然事物与人之间形状、习性的相似。把自然人格化、道德化，人的特性客观化、自然化。而且，在中国的哲学思想中认为自然即为美，美的本质是自然。这里的自然是指符合事物的规律，也就是中国哲学中所说的"道"。合乎自然的即为美，反之则为丑。这个审美标准，它不仅仅适用于天地万事万物，也同样适用于人类社会。

中国古代美学文化的特质主要表现为以下几方面。

（一）中和之美

从美学的视角看，"中和"是儒家的最高审美标准，"中和之美"是中华民族审美思维方式的显著特色。"中和"思想本指中正、平和。后引申为符合中庸之道的道德修身境界的一种原则。儒家认为人们的道德修养如果能达到致中的境界，那么天地万物均能各得其所，达到和谐的境界了。

（二）协调之美

"协调"的意思为和谐一致，配合得当。"协调"一词可追溯到中国古代道家的"无为"和儒家的"中庸"。中国传统美学历来主张"和谐即美"。儒家强调"人和"即社会美，道家强调"天和"即自然美，佛家强调"心和"即心灵美。和谐、协调是一切美好事物的共同特征。

（三）和善之美

所谓"和善"是指和谐的形式与仁善的内容的有机统一。善即仁，是内在美；和即协调，是外在美，和善之美是道德内容与艺术形式的和谐统一。《论语》说："尽美矣，又尽善矣。"尽善尽美，至善至美，是中国传统美学的最高境界。

（四）和合之美

中华和合文化源远流长，和、合二字都见之于甲骨文和金文。概而言之，所谓和合的和，指和谐、和平、祥和；合指结合、融合、合作。在传统美学意义上，"和合之美"的审美观要求审美主体从整体上观察客体。因为客体必须从整体上是和谐协调的，才是美的；局部的和谐协调并不能代表美。"和合之美"的审美观不仅要求客体内部各个部分之间是和谐协调的，而且要求客体与环境之间也是和谐协调的。"和合之美"审美观应用于艺术设计中，要求我们重视设计的整体效果，尤其要求注意设计品内部各个构成要素之间的协调统一，以及设计品与周围环境的协调统一。

二、传统武术中美的体现

我国传统武术是高度的力与美的结合，它是一项具有健身和艺术之美的体育运动。具体来说，武术的美主要表现在以下几个方面。

（一）技击之美

传统武术拳种众多，动作千变万化，但都是源于目的的实现而引起的愉快，即掌握了攻防格斗技术而引起的精神愉悦，这是最初的审美萌芽。后经历代武术家将其攻防格斗的技艺加以进一步的提炼、概括、加工和程式化，逐步形成相当稳定的套路形式，使之既具有"技击"的特点，又符合生命的自由活动形式。而积淀在技击中的人的智慧、才能、力量、灵巧、勇猛、坚强等，成为人们观赏的对象，给人一种紧扣心弦的特殊审美感受。

（二）练气之美

传统武术的各派各家都强调练"气"的重要性，并把"气"作为武术的根本。虽武术各家各派对于气的理解，赋予的含义及如何练"气"不尽相同，但认为练"气"是武功达于化境的基本条件，却是一致的。古代拳家们认为，气是人生命的根源，武术必须修炼人的生命根源——气。我国古典美学认为，美离不开"气"，"气"是美的本源。天地万物及人都是阴阳二气交感而生的，万物的发生、发展、变化都是无目的而合目的，因而美在生命中，生命即美，而这种美的理想境界是"和"，因为在"和"的状态下，生命能得到最顺畅、最理想的发展。以"和"为美，是中国美学一个极为重要而又古老的思想。以生命的合规律、和谐发展为美，以表现生命力的刚健充实为美。历代拳家通过内修练气，达到"元气充足"精神健旺、动作敏捷、发力沉实的效果，从而显示出生命力的刚健、充实，这本身就是对人的生命的自由活动的肯定，就是美。总之，传统武术所注重的练"气"，既有对生成为人的元气的修炼，也含有对人的生命力和创造力的修炼。它极端重视人的生命根基，进而体认宇宙的生命是生生不息的运动，因而它的运动形式成为人的生命的同构的表现，给人以美感。

（三）形神之美

传统武术强调神形兼备，内外合一。如长拳中的八法，"手、眼、身法、步、精神、气、力、功"，南拳中的内练"心、神、气、胆"，外练"手、眼、身、腰、马"，形意拳的内外三合。尽管各拳种对神形兼备的提法不尽相同，但有一个共同的根本点，即注重内外运动符合生命的自由和谐运动，使内部意气的流动和外部神气鼓荡在运动中趋于和谐。不仅如此，拳家们认为神是形的内蕴、灵魂，离开了神，就失去了武术特有的韵味。而神则主要是指拳家的内在精神世界，如高尚的情操、美好的道德、完美的个性。人们通过观察武术的运动形式，能感受生命生生不息的运动、生命的勃勃生机，从而引起我们的审美愉悦。

（四）意境之美

传统美学范畴"意境"，通常被解释为文艺作品中所描绘的图景和表现的思想感情融为一体而形成的一种艺术境界。而具体于传统武术，套路的形成与传统美学注重意境美有密切关系。

套路是按一定的价值取向和审美需要，将具有攻防意义的技击动作进行艺术加工，它要和演练者、编创者的情感、精神融合一致，从而达到"情境"交融，"情""技"交融，神形交融。著名武术家蔡龙云先生认为演练套路时要将自己"置于一个战斗的场合"，才会气韵生动、气势如虹，表现一种英武不屈、坚忍不拔的斗志和气概，再现出战斗的艺术意境。此外，武术的意境美不仅体现在实际的演变过程中，而且体现在动作的命名上。如苍鹰捕食、大鹏展翅，体现了雄鹰气吞千里，力负千钧的雄伟气魄和坚忍不拔的英雄气概，给人一种威猛雄健的感觉；白猿献果、猕猴攀枝则体现闪展腾挪和巧妙轻灵，给人以机敏灵活、轻松活泼的乐趣；又如金鸡独立、白鹤亮翅，体现了舒展自如和悠闲、潇洒的情态，给人一种舞台艺术造型美的享受。通过这些名称，闻其名如见其形，使练拳者与看拳者不仅品享其意境神韵，而且仿佛感受到了拳技套路神秘而浓郁的文学意蕴。总体来看，意境美展示了传统武术自己的风格和富有想象的内容，从而揭示出武术的创造特征。

（五）节奏之美

传统武术中阴阳二气的运化，使武术运动具有鲜明的节奏感。节奏是武术运动，也是生命运动的一个极为重要的特征，而生命的规律同美的规律有着内在的、深刻的联系。

拳家将武术中的节奏形象描绘为：动如涛，静如岳，起如猿，落如鹊，立如鸡，站如松，转如轮，折如弓，轻如云，重如铁。在动静、起落、快慢、轻重、高低、刚柔的对立转化中表现出鲜明的节奏感。

三、我国古代美学对传统武术的影响

中华民族在几千年的文明进程中，创造了灿烂的文化，也创造了丰富的美学思想和审美体验。传统美学把"形"作为写神或取韵的物质基础，追求传神的境界，强调形神的高度统一。武术在悠久的发展历史中，融汇了中华民族文化、艺术的独特神韵，形成了自身独特的艺术内涵。同时，武术作为一项体育运动，它也聚合了体育与艺术的精华，显示出超越"体育"的艺术魅力。

中华武术具有独特的审美价值，它的基本审美特征和表现方式也是武术运动自身理论体系的一个重要方面，它的美学范畴十分广泛。从其表现形式上可分为内在美、外在美两种。武术美学的特点不是孤立的，美的展示是不同美的要素综合作用的结果；它是局部美和整体美的兼容，既表现在微小的举手投足过程中，又显示在武术运动的整个浩大的氛围中；武术运动的美是无处不在的，是民族文化和运动形式美的统一。它内外兼修的独特形式，内在美与外在美的表现方法，既表现了一个民族的过去和现在的文化渊源，也总结和概括了中华民族的审美特征。武术中美学特征受中国传统文化的影响，形成了有别于西方体育的审美体系、美学特征。

就今天来看，我国传统武术之所以绵延几千年，不仅是因为它具有健身自卫的实用价值，而且还因为它是一种独特的表演艺术，具有绚丽多姿的表现形式，能给人以美的享受，使人赏心悦目，激发人类美的情感。武术的全部内容倾注着中华民族特有的气质、民族心理、民族美感和民族精神。武术的美学特征，是建立在中华民族传统文化基础之上的，是一种融运动美与修养美等于一体的特殊美学表现形式。

第二节　中国武术与中国伦理道德文化

一、中国传统伦理道德文化概论

与封建社会小农经济相适应，我国古代很早就形成了以宗法关系为纽带、家国同构的社会范式。在这种社会范式下，人们对人与人之间关系的重视，远远胜过了人与自然的关系。这就使得伦理道德在社会精神文化中占有十分重要的地位，成为衡量一切事物或行为的准绳。可以说，中国传统精神文化的各个领域，都染上了浓重的伦理道德色彩，如文章强调"载道"，史学强调"别善恶"等，从此意义上看，伦理道德是我国传统文化的核心。

（一）儒家思想与伦理道德规范

中国传统伦理道德是中国古代思想家对中华民族道德实践经验的总结，是中华民族在长期社会实践中逐渐凝聚起来的民族精神。历史上的各种哲学派别都曾对传统伦理道德规范的形成产生过一定的影响，其中以儒家思想的影响最为重要。

儒家的创始人孔子生活在"礼崩乐坏"的春秋末年，他特别向往西周时代的政治秩序，仰慕西周时代盛极一时的礼制和文化，并在继承西周时代伦理观念的基础上，建构起了第一个完整的道德规范体系，形成了相对系统的伦理道德思想。孔子伦理思想的核心是仁、义、礼。在此之外，他还提出了孝、悌、忠、恕、恭、敬、诚、信、刚、直等德目，把人与人之间的道德规范进一步具体化。孟子在孔子的基础上，对儒家的伦理道德思想进行了丰富和发展。他说："恻隐之心，仁之端也；羞恶之心，义之端也；辞让之心，礼之端也；是非之心，智之端也。人之有是四端也，犹其有四体也。"（《孟子·公孙丑下》）。孟子认为，仁义礼智四德是与生俱来的，但他同时又强调，人们必须加强后天的自身修养，努力扩充四种母德，才能真正有所作为。孟子还将具体的人际关系归纳为"五伦"，即父子、夫妇、兄弟、君臣、朋友。"五伦"中的每种社会角色都有着明确的行为规范：君惠臣忠，父慈子孝，兄友弟恭，夫义妇顺，朋友有信。这就是所谓的"五伦十教"。从孟子的观点来看，他对五种伦理关系中前后双方的要求是相互的，如"君不敬，则臣不忠""父不慈，则子不孝"等，但在具体的道德实践中，其内容则逐渐被歪曲，成为前者对后者的单向约束，片面强调忠孝和恭顺。发展到后来，便形成了三纲伦理。"三纲"一词最早见于董仲舒的《春秋繁露·基义》。他把君臣、父子、夫妇之间的伦理关系视作"王道之三纲"，明确规定了君臣、父子、夫妇之间的尊卑和隶属关系。从此以后，"三纲"成为我国封建伦理规范的最高法则，成为维护封建统治的最有力的武器，也成为束缚人性的最大枷锁。儒家的伦理思想逐渐和封建政治合而为一，从而形成了中国古代社会特有的伦理政治。与"三纲"之说紧密相连，董仲舒还提出了"五常之道"。五常即五种道德规范，具体包括仁、义、礼、智、信。总体而言，儒家的道德规范体系在整个封建社会时期都占有十分重要的地位，对于中国传统文化的形成和发展产生了巨大的影响。

（二）中华民族的传统美德

中国传统精神文化既然是以伦理道德为核心的，伦理道德也就成为中华民族所共同尊崇的价值原则。在这种原则的作用下，中华民族形成了许许多多美好的品德。这些美德不仅为过去中华民族的发展提供了巨大的力量，也为将来中华民族的腾飞发挥着重要作用。

1. 仁爱孝悌

仁爱孝悌是中华民族传统美德中极为重要而又最具特色的部分，是中华民族固有的民族精神。不管在哪个历史时期，也不管在官方还是在民间，人们都十分重视仁德的作用，仁德成了各个阶层所公认的最普遍的道德标准。《礼记·中庸》说："仁者，人也。"意思是说，只有具有仁德的人才是真正的人。在具体的道德实践中，仁又被赋予了丰富的道德内涵，表现为众多具体的德目。如孔子说："能行五者于天下为仁矣。"这五者就是指恭、宽、信、敏、惠。

在仁的丰富道德内涵中，其核心是爱人。与中国以家族为本位的社会结构相适应，儒家的仁爱思想呈现出由己推人、由内而外、由近及远的特点。家庭是一切社会组织的中心，人与人之间的关系，首先表现为家庭内部成员之间的关系，对人的爱心也就首先应施加于家庭成员的身上。这便是儒家所倡导的"孝悌"之道。《论语·学而》说："君子务本，本立而道生。孝悌也者，其为仁之本与。"

2. 重义轻利

义利关系问题是中国传统伦理道德中一个非常重要的命题。《礼记·中庸》中说："义者，宜也。"韩愈在《原道》中也称"行而宜之谓之义"。综合来说，义的基本含义是应该、合宜，具体所指是行为要合宜。显然，义是一种行为原则，这种原则表现在内心是对欲望的控制，表现在外部是对言行举止的严格要求。儒家学者对"义"进行评价时，往往把"利"作为它的对立面，在义利之辨中反映出重义轻利的思想观念。"利"就是物质利益，对物质利益的追求，必须以义为前提，"利"合于义则取之，违于义则去之。"义然后取，人不厌其取。"（《论语·宪问》）所以，"见利"必须"思义"。董仲舒在《春秋繁露·身之养重于义》中明确辨析了义利对自身滋养的轻重之别："天之生人也，使人生义与利。利以养其体，义以养其心。心不得义不能乐，体不得利不能安。义者，心之养也；利者，体之养也。体莫贵于心，故养莫重于义，义之养生人大于利。"董仲舒承认义与利都是人所需要的，但义是用来滋养心灵的，而利是用来保养肉体的；心灵比肉体更重要，所以义对人的滋养价值远远超过了利。这种思想发展到后来的宋明理学，便产生了天理人欲的大辩论。虽然儒家的义利观为了强调义的重要性，而过分地抑制人们对物质利益的追求，这种倾向曾对中国社会经济的发展产生过不良影响。但如果剔除其中的消极因素，从中提取其先义后利、以义制利的合理内涵，就可以看到中华民族崇尚道义、不重私利的传统美德。正如孟子所说："生亦我所欲也，义亦我所欲也，二者不可得兼，舍生而取义者也。"便是这种传统美德的最高境界。

3. 真诚有信

诚信是中华民族所极力推崇的美好品德之一。"诚"有多种含义，如诚实、诚恳、忠诚等，但其核心意义是真实而不虚妄。诚是作用于人内心的道德规范，要求人们能够保守内心的本真，做到表里如一。《大学》中说："所谓诚其意者，毋自欺也。"只有首先不欺骗自己，达到内心的真诚，才不致于去欺骗别人。诚的最高境界是"真"。《庄子·渔父》中说："真者，精诚之至也。"真是道家表示自然本体的重要范畴，特指那种达到天人合一的自然本真。人的精诚发展到极致，就可以达到本真的状态。与诚密切相关的是"信"。作为一种道德规范，信有两层含义，一是讲信用，一是信任。信来源于诚，诚是信的基础。信与诚相比，一个重在外部的言行，一个重在内心的态度。孔子把信当作重要的交友原则，要求与朋友交应该"言而有信"（《论语·学而》）。董仲舒把信列为"五常"之一，与仁义礼智相并列。经过儒家及其他各家的反复提倡，真诚有信这种道德规范逐渐深入人心，成为中华民族所普遍尊崇的美德。

4. 谦和礼让

我国人民自古以来就十分重视礼的作用，把礼看作治国安邦的根本所在。在古代，"礼"是传统精神文化的重要组成部分，是中华民族最重要的美德之一。

"礼"有着非常丰富的内容：可以指整个社会的等级制度和伦理秩序，叫礼制；可以指整个社会的一种道德规范，叫礼让；可以指具体的礼节仪式，叫礼仪；可以指个人在待人接物时所表现出来的道德修养，叫礼貌。荀子把礼说成是"法之大分，类之纲纪"，认为"天下从之者治，不从者乱；从之者安，不从者危；从之者存，不从者亡"（《荀子·礼论》）。礼不仅是国家的基石，而且也是个人立身处世的必备条件。《礼记·冠义》把礼当做区分人与动物的根本标志，认为"凡人之所以为人者，礼义也"。正因为礼对个人的成长如此重要，所以孔子对世人提出了严格的要求："非礼勿视，非礼勿听，非礼勿言，非礼勿动。"（《论语·颜渊》）。

礼作为一种道德规范，在处理与他人的关系时主要表现为"让"。"让，礼之主也。"（《左传·襄公十三年》）对人谦让，是礼的重要道德内涵。谦让首先是自己要谦虚，不妄自尊大，不骄傲自满，遇利能辞让。只有如此，才能不断进步，有所作为。这正如《尚书》中所说的"满招损，谦受益"，现已成为广为传诵的至理名言。

中华民族的美德是丰富多样的，除了上面所分析的四种之外，还有智勇、自强、好学、勤俭、质朴等，这些美德都值得我们继承和发扬。

二、传统伦理道德文化影响下的传统武德

中华民族的道德规范和传统美德，在加强个人修养方面发挥了重要作用，培养出了无数的贤良之士，塑造了为广大人民所共同追求的理想人格。而对于历代传承的中华武术，传统伦理道德对其习练者也提出了严格的要求，并形成了独特的武德义化。

所谓武德，是指从事武术活动的人在社会活动中所应遵循的道德规范和所应具有的道德品质。武德一词最早见于《左传·宣公十二年》，书中提出"武有七德"，即"禁暴、戢兵、保大、功定、安民、和众、丰财"。儒家思想则认为武德主要

包含"仁、义、礼、信、勇"五方面。仁是指道德意识，要用广博的爱心去对一切人；义是依仁而行的方法、途径和标准，伦理观念；礼表示恭敬辞让之心、为人处世、待人接物的礼节仪容；信表示诚实可靠、信守诺言；勇则表示惩恶扬善、见义勇为。武德作为一种美德，一种社会意识形态，指导人们共同的武术生活及其行为的准则、规范，并渗透在习武者的思想和言行中。

武德对于习武者的重要性首先体现在武术的传授上。各门各派在挑选传人徒弟的时候都力主择人而教，只教品性正派的人，不教品性邪恶的人。而在具体传授武艺时，习武者也始终将高尚品德的培养放在第一位。为了培养高尚的品德，各拳种流派都订有自己的"门规""戒律"，以此作为武德的标准。如少林有练功十忌："一忌荒惰，二忌矜夸，三忌躁急，四忌太过，五忌酒色，六忌狂妄，七忌讼棍，八忌假正，九忌轻师，十忌欺小。"凡是持技欺人甚至为非作歹之人，轻则加以责备，重则逐出师门，更重者予以严惩。

概括来看，我国传统武术的道德标准有以下几条。

其一，忠于国家和民族。在我国古代，忠于国家和民族这一优秀传统在习武之人身上得到了鲜明的体现。少林寺歌诀告诫僧人："罚惩恶歹忠国家，永为民族功绩创。"许多习武之人也都是忠于国家和民族的好汉，如抗击匈奴的李广、抗击金兵的岳飞、驱逐倭寇的戚继光，他们都出身于武林，都是武林爱国爱民族的杰出英雄。

其二，自强不息。中华武术一直蕴涵着不甘屈服、自强拼搏的精神，传统武术流传千古，正是中华民族自强不息的光辉写照。如少林武术之所以能够出类拔萃、名扬天下，正是由于代代武僧的勤奋、刻苦的练习。有了自强不息的精神，一个国家和民族才会兴旺发达，一个人才会成为生活的强者。

其三，诚信谦让。在我国古代，习武之人对诚信谦让倍加推崇。司马迁就曾大力赞扬游侠的"其言必信，已诺必诚，既已存亡（使将亡者得存），死生（使将死者得生）而不矜其能，羞伐其德"。少林派也倡导："宁可受人打，决不先打人"，可见诚心谦让对于习武者的重要。

其四，仗义济民。武林中人一直将仗义济民作为习武者的重要品质，如少林派一直告诫僧人，要"永为百姓解困苦，普度众生扶危困""惩治恶霸和歹徒，解救黎民济良善"等。在这种武德的熏陶下，习武者见义勇为、除强扶弱、慷慨乐助、施恩不图报，造就了无数的英雄侠客，留下了无数的英雄故事。

当然，在武术发展的历史中，由于受古代文化思想的影响，武德内容也有其局限性。比如：耍英雄、逞好汉、"江湖义气"，带有三纲五常思想的"唯师命是从"的行为等。所以，武术文化的继承要对传统武德进行分析，继承其中合理的成分，批判过时的旧武德，树立新的武德观。

第三节　中国武术与中国传统艺术

我国古代传统艺术主要包括"动"的艺术（如杂技、舞蹈、戏曲）和"静"的艺术（如书法、绘画、文学）。武术与传统艺术有着亲如手足的"血缘"和互相滋养的关系，他们共同在历史的长河中发展传承、丰富壮大。

一、传统武术与杂技艺术

（一）传统杂技艺术的特征

杂技，是包括各种体能和技巧的表演艺术，它是一种有悠久历史的专门艺术，包括跳、身体技巧和平衡动作，较晚时又使用长竿、独轮自行车、球、桶、绷床及吊架等器械。我国古代的杂技艺术独树一帜，充分展示了东方人体文化的辉煌和神韵，我国因此也被誉为世界第一杂技大国。我国传统杂技的艺术特色概括起来有以下几方面。

1. 古朴的工艺美术和形体技巧的结合

在传统杂技项目中，"耍坛子""转碟"把中国的瓷绘艺术与杂技交融在一起，那彩绘着龙凤图案的花坛、彩碟，上下翻飞，姿态蹁跹，真如彩凤飞鸣、游龙戏珠一般。"蹬技"中的花伞和彩单同样给人以传统工艺艺术的美感。

2.大量运用生活用具和劳动工具为道具，富有生活气息

在传统杂技中，碗、盘、坛、盅、绳、鞭、叉、竿、梯、桌、椅、伞、帽这些平凡的东西，在杂技艺人手里，变幻万状，显示了中国杂技与劳动生活的紧密关系。此外，有些节目本身就是劳动技能和民间游戏结合的产物，如绳技、神鞭等，就是牧民套马、赶车和儿童跳绳的艺术化。

3.讲求平中求奇

在传统杂技艺术中，还有以出神入化的巧妙手法，从无到有，显示人类创造力量的戏法。戏法古称幻术，汉唐即盛。我国古彩戏法门类甚多，灵巧精湛的演技几近神异，举世称绝。《仙人栽豆》《吉庆有鱼》《连环》等项目在国际魔术界也公认为杰作。由于中国戏法表面道具极少，一切卡在身上，故而对四肢百体的功夫要求甚重。

4.轻重并举，通灵入化，软硬功夫相辅相成

在古代杂技艺术中，许多技艺都是以软硬功夫并重的基本功为基础的。其中最能表现这一艺术特色的是"蹬技"节目，蹬技多数是女演员，演员躺在特制的方台上，以双足来蹬，至于蹬何物体，几乎包罗万象，从绍兴酒罐、彩缸、瓦钟到桌子、梯子、木柱、木板和喧腾带响的锣鼓等，轻至绢制的花伞，重到一百多斤的大活人。被蹬物体，或飞速旋转，或腾跃自如，从光滑的瓷制彩缸，到笨重的木制八仙桌，都可以蹬得飞旋如轮，彩毯、演员亦能蹬得飘逸非凡。"蹬伞"不仅要有蹬技硬功夫，还要善于掌握空气浮力、阻力，才能完成优雅而抒情的表演。

5.注重险中求稳、动中求静

险中求稳、动中求静，显示了冷静巧妙准确的技巧和千锤百炼的硬功夫。我

国传统杂技艺术如"走钢丝"中种种惊险的表演，都要求"稳"，"晃板""晃梯"之类，凳上加凳、人上叠人，这必须要有极冷静的头脑和高超的技艺与千百次刻苦训练，显示了对势能和平衡的驾驭力量，表现了人类在战胜险阻中的超越精神。

我国传统杂技有严密的师承传统，每一种技艺都是代代相传。对先辈传下来的技艺，总是千方百计地保存下来，传递下去。杂技的许多形体技巧又为舞蹈、戏曲所借鉴，当然它也从戏曲、舞蹈、武术中吸收营养，优长互补。

（二）杂技艺术与传统武术的关系

杂技是一种以超常的技巧为特征的表演艺术，它是从人类在与自然争斗中显示自身力量和技能的由自娱到娱人的原始艺术发展而来的。可以说，它与由自卫本能升华、攻防技术积累而产生的武术同时出现在中华大地。杂技比其他歌舞、戏曲、曲艺等表演艺术更接近武术。许多超绝的武技，可以直接纳入杂技节目，而渊源古老、数千年流传不断的杂技艺术，也直接影响了中国武术的发展。

我国古代杂技项目可分七大项：形体技巧、力技、耍弄技巧、幻术、高空技巧、马戏、滑稽。这七大项中多数项目都是直接来源于武技，或者可以转化成武技。同源共生和互传互补成为中国杂技与武术的重要联系。至于传统武术的训练方法，自然也为杂技所运用。如"内练一口气，外练筋骨皮"等，正是武术与杂技共通的训练原则。中国武术的硬功和柔术常常被杂技发展成为独具特色的表演节目，至今活跃在舞台上。

二、传统武术与舞蹈艺术

（一）传统舞蹈与武术同源性

我国舞蹈自创始之初就与武术结下了不解之缘。古代的"舞"与"武"交融，舞中行武，舞中现武，舞中存武。

在我国古汉语中，"舞"与"武"是通用的，"武、舞古同字，武即舞也"。据说，在远古阴康氏时，洪水泛滥，"水道壅塞，不行其原"，人们受了阴冷潮湿，"筋骨瑟缩不达"，"民气郁瘀，故作舞以宣导之"。这里的舞是指伸展人们的筋骨，使人们恢复健康的一种活动，可以说是最古老的健身舞，也可以说是一种近似于武术的健身操。此外，我国古代早期的练武活动，大多是通过"舞"的形式进行的，他们把徒手或手持武器的各种战斗技术动作的模拟，通过舞的形式予以再现。这种再现比较近似于战斗动作，也就是把在战斗中运用成功的一拳一腿、一击一刺重复出来。尽管还没有一个体系，只是凌乱的动作，反复重复着、模仿着，没有固定的动作规格，也没有呆板的程式，边跳边舞，但练这种舞的过程，也是攻防格斗技术传授过程。因此可以说，武舞是早期武术与舞蹈的一种交融，它既有表达思想感情的作用及娱乐性，也有着习武健身的实用性。

（二）舞蹈艺术与传统武术的关系

随着社会的发展，武术与舞蹈的概念分得越来越清楚，武术融于军事作战与健身，而舞蹈则偏向于表演艺术。但由于武术的形式美与内在美同时具备，它以巨大的魅力吸引着艺术领域的作家来运用和发挥武术的美学功能，这样有些舞蹈往往受武术的影响或多或少夹杂着武术的形式与内容。当然，舞蹈也同样深深影响着武术的内容和形式。

比如，我国汉代流行的"剑舞"本身来自民间武术，使一种从实战的剑术变成了一种艺术美化的剑舞。唐朝的《黄獐》《达摩支》等舞蹈在表演形式上也都受到了武术的影响。"百戏"更是集武术、体操、杂技于一堂。元明清时期，我国的古典舞蹈更是大胆引用武术的动作，如扑步、飞脚、旋子、射雁等动作，至今仍广泛应用于舞台表演。现代民间的狮子舞明显地夹杂着武术动作，有些地方就把它作为比武的间接手段。以广东狮子舞为例，它除了跳跃之外，还做些舔毛、搔痒、打滚的动作，而且有一种表演叫"采青"，要完成这些动作，都必须通过舞狮者相互之间配合的弓步、马步、交叉步变换、手法变化，以及摸、爬、滚、打，才把狮子舞舞得惟妙惟肖。

此外，尽管武术套路都是紧密围绕攻防格斗技术而发展起来的，但其演练形式、演练风格却都吸取了舞蹈的精华。武术套路中的结构、布局等也吸收了舞蹈的表现形式，在表演技巧的步与腰、手与脚的配合上也多有借鉴。例如，"体如遊龙，袖如素蛇"这种身段与手部动作的结合，被武术吸收后紧密结合技击的方法来表现身法。还有"行如游龙，舞似飞凤"也被武术剑术套路所吸收。还有一些套路，为加强表演效果，还吸收了一些舞蹈及花哨动作，借以丰富套路的内容，突出表演效果。

目前，随着传统武术运动的发展，舞蹈渗入武术的例子渐渐增多。比如武术中的木兰拳就是武术与舞蹈相结合并伴有音乐进行的一种健身方法；敦煌拳则是吸取了敦煌壁画上的舞蹈形态而创编的一种健身武术运动。这些舞蹈化的武术套路，不但具有健身价值，而且其表演价值、欣赏价值都很高，日益受到广大健身者的喜爱。

三、传统武术与戏曲艺术

我国传统戏曲以唱、做、念、打为主要表现手段，与传统武术的关系是十分密切的。

一般认为，戏曲的起源，与武术的关系是十分密切的。研究中国戏曲史的学者，在追究中国古代戏曲的起源时，均提及周代的"大武舞"。同样，中国武术史的学者也将之作为古代武术的源流之一。"大武舞"是武王克商后创作的一种武舞，据历史记载，创作者是周公。这个舞蹈的内容表现了周武王克商的功绩。如果说先秦时期的武舞为中国戏曲的肇始创造了条件。那么，秦汉时期的百戏则应为中国戏曲诞生的摇篮。百戏，也叫散乐，是汉代民间演出的歌舞、杂技、武术、戏曲等杂要娱乐节目的总称。据张衡在《西京赋》中的记载，汉代百戏中有许多杂技和武术的节目，如"吞刀""吐火""扛鼎""寻撞""冲狭""燕跃""跳丸""走索"等。作为文武总汇的两汉角抵百戏，决定了武术对戏曲、舞蹈、杂技等艺术所产生的影响。角抵百戏中的竞奇斗巧、丰富多变的武术招式与人物性格、戏剧情节有机地结合起来之后，就逐渐演变成为戏曲中的武打艺术。

我国传统的戏曲表演需具备四大要素，即"唱、念、做、打"。其中的"做"和"打"就含有戏曲在表演上对于武术应用的多样性。武术中的多种技巧，都直接或间接地对中国戏曲的表演形式产生了一些影响。当然，传统武术对戏曲的滋养，不只是为戏曲武功提供了技术，而且影响了戏曲的内容和观众的喜尚，这是一种多渠道、多层次的文化氛围的全面影响。

我国的传统戏曲是一种有着悠久历史的古老艺术，其源远流长，品种繁多，并已成为彪炳世界艺术之林的中华民族优秀文化瑰宝之一，而传统武术就是戏曲艺术产生和发展的一个源泉。当然，我国的传统武术，在其发展过程中，也在一定程度上吸收了戏曲的某些因素。如戏曲中的武打与亮相的招式，在今天的武术表演项目中，就多有反映。总之，在数千年的历史长河中，武术与戏曲这类表演艺术，亲如手足，情同连理，互相渗透，互相影响。

四、传统武术与书画艺术

中华武术博大精深，在诸如书法、绘画等静态艺术中也能够清晰地看到武术的影子。

我国人民早在2000多年前就发明了毛笔，随着东西方文化的交流融合，钢笔、铅笔与圆珠笔陆续传入中国，但毛笔书法艺术欣赏的价值却未因此而湮灭。传统武术虽为一种体育运动，但它与书法艺术相互辉映，表现出许多书法具有的艺术美。我国古人发现，书法与武术有很多相通之处：第一，书法讲究"劲力"，一点一画都是劲力的表现，武术也讲究劲力，如太极拳中的"劲"起于脚根，发于腿，主宰于腰间，形于手指，发于脊骨，由脚而腿而腰，一气呵成。第二，书法用笔有收有放，每往必收，每垂必缩，含蓄而锋芒不露，不轻佻浮躁。武术中的拳打、指戳、脚踢、肩撞等都有的放矢，连续进击。第三，中国书法重神韵，武术中对"神韵"也有很高的要求，一拳一腿、一招一式，无不以"神"相配合。第四，书法还讲究刚柔之法，优秀的武术家是遇虚则刚、临实则柔、亦刚亦柔、变化万千。

在书法艺术中，运笔的快慢，章法的透、漏、借移等特点，均是艺术美的表现形式。如王羲之在《题卫夫人〈笔阵图〉》中形象地说："每作一横画，如列陈之排云；每作一戈，如百钧之弩发；每作一点，如高峰之坠石。"书法中笔毫在纸上行走的气势，丝毫不输给武术表演中所表现出来的气势，欹侧跃宕的章法，也与武术中舒展、圆活、盘稳的身姿、动静结合的节奏，对人产生的艺术美感不相上下，因此可以说，书法与武术中的形态美和线条美，甚至节奏美都有共性，并且互相交融与影响。史书曾有记载：张旭自从观看了"公孙大娘"舞剑后，顿悟了武与书的精髓，此后其草书大进，书写起来豪情激越、淋漓顿挫。

此外，书法在内容上，可充分表达书写者的情感、思想、心境等意境；在形式上它则以点、线、黑、白、湿、枯、柔、力、借、倚等结构，章法之独特性来表达它的美。而练习书法可以调气、调心、调身，有益于身心。如练书法时的屏气、落笔、吐气、力透纸背等，随笔势而呼吸，跟着意境而律动，这同"太极拳"的呼吸悠长，行随意走的境界是相通的。再如练书法一般都要站立、悬腕进行，对腰、肩、肘、腕的要求颇高，有着利关节调气血的功效，这同样与气功中的站桩有异曲同工之妙，可以起到良好的锻炼效果。而武术"外"能利关节、强筋骨、壮体魄，"内"能理脏腑、通经络、调精神，是融健身、养身、技击表演为一体的运动项目。它的形式、内容及方法也都体现着美学、哲学、兵法等丰富的传统文化，在这一点上是与书法艺术相通的。

如同传统武术与书法艺术的系统相联系一样，中国文化的系统论特征也表现在画理与武道的相通上。不同的是，武术还成为中国绘画所极爱表现的内容。从原始崖画到近世民间喜闻乐见的彩色年画，都爱表现武术的内容。古代在宫室、庙堂中绘制的壁画，狩猎、武士、侍卫和相扑图、角抵图等都是以武术的形式表现在壁画之中。清代年画中，也多见武术内容。天津杨柳青年画中的《张辽威镇逍遥津》，骑将纵马舞刀挺枪，表现出武打的雄姿；《万花楼》则把飞檐走壁的传说武功形象地展示出来。清代乾隆年间绘制的西双版纳勐海的武术壁画，那两位斗矛和两位对刀的武士形象，反映了古代少数民族蓬勃的武术活动。

传统武术与绘画艺术的联系还体现为"意"的相通。五代时，僧人贯休在画十八罗汉时，降龙尊者的神髓总难寻得，一日得见薛仁贵的后裔练戟而得降龙之气韵的传说。清代武术家、书画家傅元在画墨竹时，醉舞拳艺而求灵感的故事，都从侧面反映了中国武术与绘画的灵犀相通之趣。

五、传统武术和文学艺术

我国传统武术在文学艺术中的反映主要体现在武侠小说上。武侠小说是中国通俗旧小说的一种重要类型，多以侠客和义士为主人公，描写他们身怀绝技、见义勇为和叛逆造反行为。武侠小说有广义和狭义之分，广义上是指传统武侠、浪子异侠、历史武侠、谐趣武侠、古典仙侠、奇幻修真、现代修真，但从武侠小说的狭义层次上来说就只指传统武侠、浪子异侠、历史武侠、谐趣武侠这四类。

我国传统武术和文学有着密切的联系，可以说，中国文学的发展，起自原始，步步都能寻觅到武术的踪影。从最初的神话传说中可以看出，其中主要以战争和打斗的故事情节居多。在上古神话的英雄中，最为著名的有后羿，这位弓箭之祖，凭借着自己高超的射技，铲除地上的祸害民众的六兽，为了消除炎热和干旱，他射落九日，显示了他的英雄气概。此外，上古神话中刑天、共工及蚩尤的故事，也都直接与武术起源有关。

春秋战国时诸侯割据、互争雄长的战争和谋略之争为武技的发展提供了条件，也为文学描写创造了条件。如在《战国策》中所写的人物极为复杂，而最动人的为侠者形象;《赵策》描写的"鲁仲连舍身游说赵魏共拒强秦"的故事;《魏策》描写的敢发"布衣之怒"的唐且;《燕策》所写的荆轲。这些故事,状物酣畅淋漓,感情充沛沉雄,奠定了后世武侠文学汪洋恣肆的基础。《燕策》描写燕太子送荆轲赴秦,其易水送别一段,直接影响了后世,司马迁曾将一些段落一字不改地移入《史记》。先秦历史散文不只描写了个人的侠义行为,而且还写了金戈铁马的大战役。如《左传》宣公十二年晋楚郊之战、成公十六年晋楚鄢陵之战等篇章,虽言简而气氛场景可感可见,可谓开后世武侠文学中大兵团作战和马上武打的先河。为《三国演义》《水浒》的许多大场面的描写提供了很好的借鉴。

到了西汉,司马迁在《史记》中对游侠"救人于厄,振人不赡、仁者有乎;不既信,不倍言,义者有取焉"的认识,以史传文学形式第一次把儒墨皆排摈不载的游侠列入了史册,并为之专门列传。在《史记·游侠列传》中,司马迁对游侠直接发出了热情的赞颂:"今游侠,其行虽不轨于正义,然其言必信,其行必果,已诺必诚,不爱其躯,赴士之厄困。""既已存亡生死矣,而不矜其能,羞伐其德,盖亦有足多者焉。""要以功见言信,侠客之义又曷可少哉!"这是文学史上第一次对游侠的详尽记述和热情赞颂。这种以史传文学形式对游侠的记述和赞颂,不仅为游侠在文学中的表现奠定了良好的坚实基础,而且也开创了文学中的任侠主题和扬侠颂侠的文学传统。东汉以后,正史不再为游侠立传。但在建安时代,游侠既已在诗歌领域崭露头角。当时出现的一些乐府古诗如《白马篇》《结客少年场行》《博陵王宫侠曲》《秦女休行》等,就是以侠男侠女为主要内容的。在魏晋南北朝的吟侠诗作中,诗人们以古侠士为楷模,把自己的生活理想寄托在古侠士身上,并从古侠士的风度气派中为寒素士人追求功名和反抗门阀士族的斗争吸取精神力量。在魏晋南北朝文学中,对任侠形象的描述、赞颂还出现在当时初具规模的小说中。如《搜神记》卷十中的《三王墓》,文中赞扬了山中行客路见不平拔刀相助,以自我牺牲替莫邪之子复仇的豪侠气概。而《世说新语·自新篇》中的《周处》一文,则称赞了侠士周处勇于改过自新、为民除害的品质,写出了侠士内心世界的转变。魏晋南北朝小说中的任侠形象是我国小说中最早的任侠形象，虽然这类作品都很简短，而且是纪实性的，其故事也仅是侠义小说的雏形，但其结构的完整、人物形象的鲜明，则是唐代侠义小说的直接源头。

我国武侠小说真正的起点应是唐传奇，如文学史家所言："唐代传奇的产生，标志着我国小说的发展已逐渐趋于成熟。"近代文学史家习惯称唐人小说为唐传奇，鲁迅先生于 20 世纪 20 年代辑《唐宋传奇集》，也用"传奇"一名概括了唐人小说。武侠小说作为中国武术文化影响下的民族文学的重要一支，也在唐传奇中保留了自己应有的地位。唐代的侠义小说，它成功地塑造了众多贴近现实的民间侠客形象。其中，影响较为深远的一篇是以描绘风尘三侠为题材的《虬髯客传》。

唐以后，经五代以至宋朝，武侠在题材上并没有什么突出的发展，但此时期"说话艺术"在民间的广泛流传，小说话本的出现在文学史上却有着重要意义，这种白话性的小说与后来的武侠小说颇具渊源。到了元代，其叙事性文学则呈现出一派兴盛的局面，话本小说、说唱故事内容十分丰富，而武侠文学又在叙事性文学中占有重要地位。

同传统武术在明清的大发展一样，武侠小说在明清也取得了丰硕的成果。这一时期的武侠小说多是以话本和章回体形式出现的。一般而言，文言小说对于打斗场面多点到而止，而话本小说和章回小说对打斗场面的描写更加精确生动。如在《三侠五义》《小五义》《彭公案》这类作品中，打斗场面随处可见，丰富多彩，成为全书描写的重心。而其他如蒙汗药、暗器、迷阵的描写，在《水浒传》中已露出端倪，公案侠义小说则大写特写，进行了充分的展示。这一时期小说描写的重点不是行侠的结果，而是更注重除恶扬善的过程。侠客的存在价值和侠义小说的审美价值由此进一步得以增强。

综上所述，中华武术是中华民族在长期的生产劳动过程中创造并形成的一种土生土长的民族传统体育。回顾历史，武术在其发生、发展过程中，深受中华文化的滋润，形成了独特的东方人体运动文化的表现形式。由于受中国传统文化全面而深刻的影响，武术在各方面都带有浓厚的中国传统文化色彩。因此，只有深入研究传统武术的丰富文化魅力及其内涵，才能全面地认识武术，了解继承发展我国传统武术的现实意义。反之，如果想真正了解中国传统文化的精髓，也不可避免地要涉及传统武术及其文化。

第四节　中国武术文化和西方竞技体育文化的对比

一、中国武术与西方竞技体育的阐述

中国武术发展至今不仅是一种搏击术、防身术或是逃命术，更多的是承载着中国优秀传统文化，可以说是易学、中医学、伦理学、哲学、美学、兵学等学说融合道家、儒家、佛学等思想于一身的"文化和运动技术活化石"，呈现鲜明的中华民族特色的运动技术体系和优秀传统文化系统，并随着社会的变迁不断改进。通过武术散手的技击性不断外延到武舞的表演性，以及大众的健身性和竞技武术的现代催化，另外，还有武德的良好教育促进作用，中国武术呈现一种"形神兼备、内外兼修"的运动特点。然而在经济全球化背景下，世界各地的运动进入本土，中国武术作为一种本土运动显得被动与不足，正被边缘成非主流体育文化。

竞技体育指个人或群体在体力、心理、智力等方面的潜力能够得到充分发挥，并最大程度激发运动潜能，促进全面身体素质发展，以攀登运动技术高峰和创造优异运动成绩为主要目的的一种运动活动过程。竞技体育是一种制度化、体系化的竞争性体育活动。竞技体育主要是起源于古代希腊文化，从最初的奴隶社会时期的罗马角斗场逐渐扩展而来，其精神内核就是搏斗，通过搏斗战胜对方。演化至今，西方的竞技体育已经不是野蛮的人与兽的搏斗，而是体现个体与个体、团

体与团体之间的拼搏精神，以及不断超越自我的极限精神。然而，这种现代的拼搏精神和超越身体的极限精神也并不是西方竞技体育项目都具备的，本书主要探讨具备不断超越身体极限的运动项目，尤其是指具有速度性、距离性、高度性的田径类运动项目的文化特征。

二、中国武术和西方竞技体育运动的区别

从供能方式看，大部分竞技体育运动由 ATP-CP 系统供能，属于无氧运动的能量，而肌肉中 ATP 和 CP 的储存量相当有限。中国武术属于有氧或有氧和无氧交替进行的运动，例如，太极拳就是属于有氧运动，其供能方式主要是体内的糖，即是消耗肌肉中的肌糖元含量。而竞技武术则是有氧和无氧交替的，例如，传统武术（南拳）迅速发力时，表现的是无氧供能，当动作定型，控制节奏又表现的是有氧供能。

从运动心率最大范围看：人在运动时最高心率 =（220 − 年龄）。人在运动时心率应在一定的范围才不会对身体造成伤害，一般底限是运动时最高心率的 60%，高限是运动时最高心率的 85%。百米赛跑属于大强度短时间运动，运动员在比赛奔跑的期间，心率会逐渐增大，不断超越运动时的安全范围。而中国武术的有氧运动部分在运动安全心率范围，有氧和无氧交替进行的部分，其发力和连续发力虽然属于无氧运动，但并没有百米赛跑时的心率高，其有氧运动部分作为缓冲，属于有氧运动和无氧运动间歇进行。

从人体骨骼承受力和结构看：生物力学创始人之一吉迪·B·阿瑞认为，若 100 m 跑时间小于 9.6 秒，肌肉收缩所产生的力量足以造成四头肌腱和膝盖连接点撕裂。但是 2009 年博尔特在德国柏林百米赛跑中取得 9 秒 58 的成绩打破了这一说法。即便如此，人们在打破极限的同时也是在伤害自身。即便些许个体会继续突破世界纪录，也是在对人体骨骼的缓减压力进行挑战，并且对运动员的骨骼发展也相对产生不良的影响。而中国武术运动特点是快慢结合，伴随高强度和轻

度发力等，所以不存在对骨骼的承受能力的不断挑战。

从以上三个方面可以看出，大部分西方竞技体育项目，特别是田径类为主的运动项目主要运动特点就是以无氧运动为主、有氧运动为辅。其运动性质是不断超越自我身体承受范围，同时也是一种不断征服物质、他人、外界以及个体自身的表现，呈现出的是非自然体育运动活动。而大部分中国武术运动项目，特别是太极拳类和传统武术类的运动特点主要是以有氧运动为主、无氧运动为辅。其运动性质是不断追求自我内在的心理和精神超越，同时也是不断寻求和身体、物质以及自然等融合，呈现一种生态式的体育运动活动。

三、中国武术和西方竞技体育的文化特征

（一）西方竞技体育追求对身体的离心性——外倾性文化特征

西方竞技体育文化起源于古代希腊文明，是一种对人体的格斗以及竞技为手段，最终都以挑战精神为基础，单纯以竞赛的方式战胜对方为目的。但是随着社会文化的发展，现代国际奥林匹克精神历经了丰富的过程，可以大概分为三个阶段，追求自我挑战；寻求身心的全面协调发展；注重在竞赛过程中商业化、文化化以及全球化，在此背景下强调科学化、人文化以及多元化，最终形成人与人、人与社会以及人与自然的和谐发展。实际的竞技体育并未按照奥林匹克的精神顺利发展，始终停留在第一阶段，或在第一阶段基础上离心式地发散发展，并呈现一系列的异化现象。例如"在田径运动竞赛规则不变的情况下，每个运动项目都应当有一个极限成绩……世界纪录是有极限的，世界纪录又有无限发展的可能。"根据其有限论的观点，这些运动项目迟早会达到人类身体的极限，已经没有了打破纪录的未知结果期待性，即使场地、器材和服装等设备再怎么先进，而竞争意识的培养也会大打折扣。从无极限观点出发，"即使人的肢体运动能够做到越来越快，那么身体以及感官和神经，甚至是物质必须随着一起变化，因为这样才符合逻辑"。所以无论从哪个方面讲，田径有些运动项目在未来的发展趋势都会受

到严重的挑战。"截止至今，人的运动体能已到达 99%，预计到 2027 年将会有一半的运动项目将会达到最终极限。"因此，单纯地追求肢体运动承受极限，是在无限度地开发身体运动承受能力资源，而这一身体运动承受资源是非再生资源，单纯地又无节制的发展和挑战运动极限是一种非自然运动的表现，也不利于竞技体育运动的长期可持续发展与和谐发展。

（二）中国武术崇尚对身体的向心性——内倾性文化特征

中国武术和西方竞技体育的起源都是异曲同工，同样都是以战胜对方为目的。但是中国武术还有特别之处在于致胜不是最终目的，而是通过致胜达到某种和平与平衡。而且在以后的发展中也是根植于中国优秀传统文化，其内敛性不断突出，也就是朝着"身体性"的方向不断发展。首先，习武之人讲究"未曾习武、先习德"，遵守"仁、义、礼、勇、信"等格言，离开武术的载体，这些武德也就无从谈起。其次，中国武术派别林立，流派丰富，其项目内容数目和文化底蕴完全不亚于奥林匹克运动。再次，根据社会的不断发展，中国武术越来呈现向心性文化方向发展，例如，武术套路的蓬勃发展，主要用于表演和健身而并非技击的目的。最后，中国武术文化讲究的最终目的，不是战胜对方，也不是胜过自己，更不是胜过社会以及环境，而是通过中国武术运动而达到"天人合一"的至高境界，即是身体、本我、他人、社会、自然的和谐统一与融合发展。然而，这种着重对内在精气神的追求，以及精气神与肢体动作的协调统一在比赛过程中很难通过数字化进行量化，评判标准无法统一，同样无法对这类运动项目进行推广和普及。

四、中国武术与西方竞技体育文化的融合与发展策略

（一）身体观视域下求同存异发展

中国武术和西方竞技体育文化都追求对身体的锻炼，这是发展的基础。最初的目的都在于致胜，都是启示人要有竞争意识，时刻提醒身体处于社会关系中，

就要注重不断进步，否则就会落后，而落后就会被对手致胜，从而就会影响在社会中的地位与价值。虽然，现在看来并不是十分合理与科学，存在片面性和狭隘性，但是竞争意识仍然具有实际的身体实践意义与启示。中国武术的本质在于"技击"；而西方竞技体育的核心在于不断突破，始终突出更高、更快和更强。不断超越他人、物质以及个体自身的精神能够有效地促进科学以及技术的进步，因此，这种身体观的运动现象有一定的科学启示意义。而中国对身体的研究，强调中国受儒教、道教影响下的传统身心统一的整体观。其整体观就是要全面发展，也就是追求对身体的运动美、运动的健康以及运动的竞技性，而向内在的人文环境发展也就是强调身心协调发展，人与自然及社会和谐发展。这种对内外兼顾的注重整体身体观，促进了中国武术套路的形神兼备特点。正如："中国文化的自然价值系统的核心乃是天与人的和谐，即'天人合一'。这是中国文化的价值系统与西方文化的价值系统之最大区别。"

（二）身体的"内外兼修"模式下相互借鉴、共同发展

全球化背景下，人与人、国家与国家之间交往越来越频繁与紧密。每一个体的起源不同，发展模式也不同，然而其发展最终目的都是向着和谐的方向发展。但是如果都一味地闭门造车，各自发展，难免都会存在局限性和片面性，很容易走向极端化，甚至边缘化。中国武术过分强调对身体内在的追求，在开展武术套路比赛过程中就极易产生评判的主观化，而过分主观化就会导致比赛的不公平性，从而影响中国武术的推广。在技术体系方面应当借鉴西方竞技体育运动的评判准则，采用标准化，以数字化、量化等科学而合理的方式进行。另外，中国武术文化方面虽然源远流长，博大精深，但是其种类繁多，名称难以理解，因此也应当借鉴西方竞技体育称谓，形成系统的学术用语，方便国际交流与推广。例如应当对中国武术进行学术话语体系界定，并坚持科学性原则、民族性原则和大众性原则。而西方竞技体育在发展的同时也存在一系列的异化现象，比如，过分地追求"更高、更快、更强"，导致运动员使用兴奋剂、过度的商业化、吹"黑哨"等严重的运动损伤等问题，这些已经越来越与运动健康和运动和谐背道而驰。中国武术崇尚的是道法自然、返璞归真和天人合一的精神内核，突出身体运动与"精、气、神"相结合的特点。这些文化特质可以有效防止竞技体育文化走向异化，有利于西方竞技体育向自然体育和生态体育靠拢。西方竞技体育运动必定要以东方优良传统文化为参考维度。正如学者所言："东方思想完全可以同西方思想共同构成人类新世纪思想，完全可以成为更重要的维度来评价整个世界文化和宗教体系。"只有这样西方竞技体育文化才能维持多元化的可持续发展。

第四章　中国传统武术文化传承与发展理论

本章主要阐述了传统武术文化传承体系的构成、传统武术文化发展现状与困境、传统武术教育中的文化传承，以及传统武术文化的创新发展策略四个方面的内容。

第一节　传统武术文化传承体系的构成

一、传统武术文化传承的理论体系

（一）文化传承的概念

文化传承在任何时代都是不可回避的问题。但是对于文化传承概念的界定则需要从《中华大字典》中查询，其中它的定义是传授及继承。换句话说就是，传承需要两个方面完成，一是传，二是承，且二者是一个连续的过程。从人类生存和发展的角度进行解释，就是指文化的再生产，是民族群体的自我完善，是文化纵向发展的前提，也是民族意识深层次积累的过程。也就是说人类文化是在不断的积累和发展中形成的。

文化的民族性是文化传承的核心，因为每一个民族都会有属于自己的文化，因此文化传承的过程也就是民族要素重新整合和发展的过程。其中，文化传承并不是个体的行为，而是需要社会群体共同努力，通过一代一代的社会群体不断地对文化进行继承和发展，实现民族群体自我完善的过程。传统武术文化作为文化的一部分，在历史发展变迁中，也经过了不断地传承和发展，已经积累了丰富的文化内涵，成为当代中华民族优秀文化中的一个重要部分。因此，传统武术文化的传承过程，就是一种民族文化重新整合和发展的过程。

（二）传统武术文化传承的主要内容

一般情况下，传统武术文化的传承需要完成两方面的任务：一方面就是对武术技术的传承；另一方面就是对武术文化的传承。

1.武术技术

武术技术的传承就是对中国传统武术中的各种拳术或者器械技术进行传承。

2.武术文化

武术文化的传承就是对传统武术蕴含的民族优秀文化进行传承。

（1）传统武德

武德是武术文化传承的首要任务，也是对习武之人行为规范要求的总和。武德简单地说就是指习武者要严格遵守武术的道德规范，应该具备的高尚道德素质。武德反映在习武者的方方面面，是习武者重点提高的方向。武德体现了中国古代的伦理道德，这也是武术传统文化最精髓的部分。

武德作为传统武术文化的核心，经过一代一代习武者的传承与发展，已经深深反映在人们生活的方方面面，是构成中国伦理道德思想的重要部分。

（2）武术中的传统文化

武术文化作为传统文化的一部分，因其独具特色的内涵吸引着广大人民群众。第一，传统武术中蕴含着丰富的哲学思想，祖先们在创作武术招式或者套路的过程中，加入了传统哲学的精髓，促使武术理论具有较强的哲理性。第二，传统武术深受宗教的影响，比如说武当派和少林派就是在道教和佛教思想的影响下产生的。第三，传统武术具有欣赏价值和符合广大人民群众的审美观。第四，传统武术还融入了医学思想，强调人的身心和谐。第五，传统武术中还有兵家思想的痕迹，实用性较强。比如：知己知彼是《孙子兵法》战术指导的总纲，在武术中习武者要"知彼知己",这就是兵家思想的最好体现。总之,传统武术融合了中国传统文化的优秀成果,已经成为中华文化的宝贵遗产。

(3)武术史的内容

武术史的内容包括四部分。一是武术通史:武术的起源、武术古代史、武术近代史、武术现代史。二是武术断代史:专门研究武术在某一历史时期的状况、特征及其规律。三是武术拳种单项史:研究某一拳种的起源及其技法发展的历史。四是武术典籍:关于传统武术文献的经典内容。

二、传统武术文化传承的原则、模式与意义

(一)传统武术文化传承的原则

1. 客观性原则

传统武术文化传承的原则之一就是客观性原则,就是指在传承中立足于现实,不能传播一些与实际生活差别较大的内容,这样不仅会阻碍传统武术传承和发展的进度,而且会减少武术生源的数量。

2. 古已有之原则

古已有之的事情具有一定的合理性与合法性。这就要求人们在传承和发扬武术文化的同时,要兼顾之前获得的成果,在此基础上找到自己的位置。

3. 文化性原则

文化性原则是传统武术文化的最重要原则,一般要求习武者遵循以德为先、注重传承人的悟性和拜师程式,也就是所谓的完整的文化空间。只有传承了完整的文化空间,传统武术文化才能获得长足的发展。

4. 渐进性原则

循序渐进原则是传承武术文化的最基本的原则,需要教育者在教授武术时,尊重学生的个体差异性,根据教育内容的难易程度,按照由低到高、由易到难的

顺序，循序渐进地传授知识。

（二）传统武术文化传承的模式

任何文化的发展和传播都离不开教育，因此传统武术文化也应该将教育作为有力的传播途径。其实，传统文化传承的过程就是教育展开的过程，只不过区别于课堂上教师教和学生学的教学模式。只有通过教育，传统武术文化和武术技术才能得以创新和不断发展。

通过教育传承和发展传统武术需要人们将之看作文化重读的过程，不仅要注重传统武术文化的实用和娱乐功能，还要注重对武术文化审美的功能，从而使传统武术文化真正成为集艺术、体育、文化于一身的民族文化共同体。当前，传统武术教育实际上就是对民族文化渗透和教育的过程，也就是民族文化不断学习和积累的过程。

（三）传统武术文化传承的意义

传统武术文化传承的意义就是指对人类社会产生的积极影响，也就是说通过对个体的权利和义务进行调整和确认，加强对社会群体行为的制约，从而促进整个社会机构的再生产和再发展。当然，传统武术文化传承的意义具体可体现为以下三个方面。

1. 促进传统武术技术与文化的发展

传统武术文化的传承，就是对武术文化加以继承和发扬，从而保留传统文化的优秀成果，使之在新时代下与其他文化相互交流、融合中，呈现出新的面貌。不论是纵向传播，还是横向传播，都将对武术文化和武术技术的保存和发展起到重要的作用。

2. 促进传统武术技术之间的交流和发展

传统武术文化的传承，不仅可以继承优秀的本民族的文化，而且还能与其他武术技术相互交流，弥补自身的不足，产生新的武术技术。武术技术在不断传承的过程中，已经形成了不同的流派，这就是很好的例证，说明武术本身就有强大的适应性。

3. 促进民族传统文化的发展

文化的产生和发展离不开民族，因此，对传统文化的传承也就是民族认同形成和发展的重要标志。传统武术文化作为中国优秀的民族传统文化中的一部分，我们更需要进行传承和发扬，只有这样才能不断地推动我国文化事业的繁荣发展，才能使传统武术文化永葆生命力，屹立于世界体育文化之林。

三、传统武术传承的途径和方式

（一）传统武术传承的途径

通常情况下，传统武术的传承需要通过以下四种途径来实现，分别是群体传承、家庭传承、社会传承和学校传承。

1. 群体传承

所谓的传统武术的群体传承就是指通过众多社会成员共同参与的传承，他们在练习武术套路或者招式的基础上，继承祖先们遗留下来的优秀成果的基础上，加以创新和发展。以太极拳为例，通过群体传承，太极拳的技术和理论已经得到了质的飞跃。而且在传承太极拳的过程中，很多学者都作出了巨大的贡献。群体传承尤其在武术规则的制定和遵守方面表现突出。我国传统武术门类中，有很多招式和拳术都是通过群体的共同努力获得的，这些优秀成果又通过群体的继承和发扬，闻名于世。其中，群体传承可以表现为两方面，一方面是武术技术的传承，另一方面是武术观念的传承。

2. 家庭传承

什么是家庭传承，顾名思义就是指师徒传承，是指在家庭或者家族范围里进行传授和修习，从而实现对传统武术文化传承的目的。这里的家庭传承并不仅仅指那些具有血缘关系的家庭，不是血缘的家庭、师徒也可以，尤其是师徒传承最为明显。家庭传承作为传统武术传承的重要途径，是与中国传统文化思想分不开的。众所周知，中国一直以来都比较注重家庭，从原始社会的氏族开始，家庭关系就一直备受关注，这就相应地形成了以家庭为单位的生产组织形式得以存在和发展。值得强调的是家庭传承模式具有封闭性、凝聚性和选择性三个特点，封闭性是指家庭传承不承认一切与其背道而驰的文化，具有强烈的排他性；凝聚性是指家庭内部成员形成一个团体，关系紧密，有凝聚力；而选择性是指传男不传女立长不立后。

3. 学校传承

学校传承就是指在校园中传承传统武术文化，这是一种新的传承模式。也就是说将武术内容作为校园的教育内容，与家庭传承方式相比，学校传承有利于培养优秀的传承人才，扩大传承范围。再加上国家和地方对学校传承武术文化的重视，无疑为学校传承武术内容提供了契机，是传统武术文化得以传播和发展的最主要的途径。

4. 社会传承

社会传承是传统武术文化传承的最有效的途径。社会传承就需要营造出一个有利于传承武术文化的社会氛围，比如可以用传统媒体和现代媒体作载体，让更多的武术爱好者能够熟知、欣赏和感受武术文化的魅力，主动加入传承武术文化队伍，有一分热，发一分光。毫无疑问，在社会传承中，媒体起到了重要的推动作用。

（二）传统武术传承的方式

探究传统武术传承的方式需要从以下三个方面入手。

1. 口传心授

口传心授从字面上理解就是指传承要通过两个层面实现，其一口传；其二是心授。口传就是指受教育者通过模仿练习，传承传统武术的表现手段和演练技巧。

心授主要指体验、感悟，指那些习武者只可意会不可言传的东西。

2. 身体示范

身体示范就是指教育者要亲自教授受教育动作，然后受教育者通过模仿，学习到各种套路、拳种以及各流派拳种的招数，因此只有通过身体的示范，受教育者才能领会武术技术的精髓。传统武术教师的亲身示范和手把手地教与练对于传承武术文化至关重要。

3. 观念影响

传统武术观念的影响有两个层面：一是宏观层面，二是微观层面。宏观层面，就是指整个社会的武术氛围、道德风气对习武者产生的观念印象；微观层面就是指教授武术的教育者对受教育者传授的知识、道德、竞赛规则等，对他们产生的观念影响。

第二节　传统武术文化发展现状与困境

一、制约传统武术文化发展的自身因素

（一）传统武术理论研究不足

没有系统、科学的、全面的传统武术理论体系是阻碍传统武术文化传承发展的最主要原因。任何一门学科的发展都离不开一套系统的知识体系，只要有了健全、科学的理论作指导，任何学科都会获得发展。西方体育之所以获得全世界的认可，是因为他们有一套科学的、系统的、符合人体发展规律的理论体系作指导。

马克思在认识论中指出，理论和实践是一对辩证统一的关系，两者缺一不可，理论为实践提供坚实的基础，实践是理论的最终结果，因此做什么事都必须要遵

循理论联系实际的原则，缺乏理论指导的实践是不完整的实践。因此，传统武术文化的传承和发展也要立足实践，以传统武术理论为指导。但是，当前我国对传统武术的研究还存在着严重的不足之处，主要是实践与理论不相符，脱离了实际，大大阻碍了传统武术传承发展的步伐。

传统武术理论缺乏的另一个重要的原因就是长期占主导地位的家庭传承模式造成的。由于我国从古至今都比较看重家庭关系，因此武术的传承也主要依靠师徒的方式进行口头传授，这种传授模式有很大的弊端。即使有些有毅力的弟子通过苦修的方式进行修炼和继承，但是这样的传承方式是没有文字记载的。因此，传承人不仅需要加强对武术理论体系的研究力度，而且还要积极转变传承的模式。

实际上，传统武术形成科学的、系统的理论体系不仅是为了适应社会的发展，而且是为了提高和完善自身。但是在发展变革中传统武术还存在着一系列的问题，比如传统武术中部分封建迷信思想根深蒂固，跟不上当今时代发展的潮流；传统武术的最高境界是需要习武者参悟出来的，但实际情况却需要弟子自己不断根据武术招式和套路总结、摸索，没有科学系统的理论作支撑，只能盲目地探索，这样不仅不会事半功倍，而且会打消学生的学习积极性。另外，由于每一个人的生活环境、文化程度存在差异，因此在习武过程中，每个人的学习进程也是不同步的，这就更加阻碍了传统武术传承的进度。

因此，一个科学的、系统的、多方位的武术理论体系不仅有利于传承和发展传统武术，而且有利于习武者学习，减少他们走弯路的机会，更有利于习武者理论联系实际，在武术领域获得更大的进步。

（二）民间传统武术拳师的文化、教学水平不高

当代传统武术的传承方式多以口传心授为主，这就相应地对教授武术的拳师提出了更高的要求。纵观现代武术的教学现状可知，部分拳师的文化水平较低，教学水平落后、教育技术更新不及时等问题层出不穷，这些都将对传承武术文化产生深刻的影响。其中，武术拳师的文化水平较低主要由以下几个方面的原因造成：首先，武术拳师由于长期受到传统文化思想的影响，因此他们常认为文武是不相融合的，常常将文化知识的学习抛之脑后；其次，随着中华人民共和国成立以来，国家要求教育部门要不断加强对国民文化素质培养。因此，为了响应国家的号召，几乎大部分的青少年都开始将提高自己的文化水平作为奋斗的目标，很少甚至没有人再学习传统武术。即使有少部分的青少年学习传统武术，也是在学业上感到无望、没有兴趣学习的群体，这是直接造成武术拳师文化水平低下的重要原因。

当前传统武术传承亟待解决两个问题，首先是口传心授的传承方式缺乏系统的、科学的理论作指导，其次是大部分拳师的文化知识水平较低。这两个问题得不到解决，就会严重影响传承武术文化的进度。而且传统武术的教学方式和训练方法都与当代社会的发展和人们对知识的不同需求相违背，尤其是拳师在带徒弟练习武术时，教学方式缺乏科学性，单求数量的练习，不追求质量，习武者也不能真正学习到有价值的东西。这些问题都不利于传统武术的传承和发展。不同流派的武术拳法产生的文化背景也是大不相同的，这就造成了部分武术拳师在授课中，只强调神秘的文化渊源、背景、发展，而对传统武术的基本内涵和文化价值方面的内容却涉及较少，这从本质上就影响了弟子对传统武术的正确认识。另外，有些武术拳师在授课中，为了达到教学目标，让弟子记住某一个套路，频繁地让他们进行练习，久而久之，学生学习武术的积极性就会降低，而且当前有的武术拳师专业知识和教学技能有限，在授课中无法将传统武术的起源及其相关理论讲授出来，只要求学生自己探索、感悟，这不仅会影响传统武术爱好者学习的兴趣，而且还会加大传统武术传承的力度。

（三）传统武术门派众多，不利于被世人接受

在中国这个幅员辽阔、多民族的国家，各地都有着不同的文化及风俗。传统武术在多文化背景下也衍生出了许多不同的流派和分支。以杨氏太极拳为例，杨

氏太极拳是在陈氏太极拳的基础上产生的，重点强调太极拳重内、重义、含而不漏、后发制人的特点。

我国传统武术门派种类繁多，这就对人们接受传统武术造成了较大的阻碍，更加剧了传统武术传承发展的力度。

另外，众多流派的传统武术、拳法以及多样的拳种在传承中也会遭遇不同的问题，这不仅不利于传统武术在中国得到传承和发扬，而且还会影响传统武术在国际上的传播。不管中国传统武术分成几个流派、几种拳法和招数，在国际上统称为功夫，再加上世界上人们关于流派的具体种类、特点、竞赛规则不甚了解，翻译也不完善，无形中加剧了中国传统武术在国际上传承和发展的难度，不仅不利于人们真正了解传统武术的精髓，还不利于传统武术在世界上取得长久的发展和进步。

二、制约传统武术文化发展的社会因素

（一）传统武术自身生存的社会环境发生变化

众所周知，传统武术产生于农耕文明时期，是广大劳动人民狩猎、获取生产资料的一种攻击技术，由此传统武术一直被作为近身的攻击技术被传播开来。但是，随着火器时代的来临，传统武术的内涵发生了深刻的变化。进入 21 世纪，人们的思想意识、价值观念都发生了翻天覆地的变化，传统武术的发展也必然要顺应时代的改变做出相应的调整。

由于古代我国一直处于自然经济、自足自给的时期，因此，这一时期的传统武术也没有得到较快的发展。在自然经济、男耕女织的社会环境下，人与人之间缺乏交流，人的意识相对封闭，这就导致了传统武术的发展也处在相对封闭的环境中。因此，传统武术流派之间也更难获得相互交流、相互融合的机会，大大阻碍了传统武术的发展。随着中国改革开放的深入，中国与世界的交流也更加的频繁和密切，传统武术要想在新时代背景下获得长足的发展，就需要摆脱封闭的、

相互独立的特点，及时做出改变。

（二）民间武馆发展水平参差不齐

随着传统武术在当代社会中的不断普及，大量的民间武馆也如雨后春笋般出现，这些民间武馆对传统武术的发展具有重要的意义。尽管民间武馆获得了初步成效，但是民间武馆呈现出的发展水平缓慢、不成熟、规模大小不一等问题也不容忽视，这些问题的存在对于传统武术的传承也是极为不利的，具体表现为以下两点。

第一，民间武馆内的武术教练尽管身经百炼、专业知识和专业技能都是高水平的，但是他们的文化知识水平却普遍较低。武术教练们不仅不能系统地向学生讲述传统武术的精髓和理论基础，而且他们的教学模式和教学方法也存在着诸多问题，不能满足习武者多样的需求。

第二，传统武术的价值没有得到真正的传播。部分习武者将练习武术作为达到强身目的或者以后获得生存的一种技能来训练，这就容易导致传统武术的真正价值实现不了，影响传统武术发展的速度。

纵观我国武术的发展现状，我国比较重视竞技武术的发展，忽视了对传统武术的继承和发展。因此，尽管大量的民间武术馆意识到了这一点，而且也树立了与之相适应的培养目标，制订了培养计划。但是由于传统武术中的拳法及器械种类繁多，导致民间武馆打着弘扬传统武术的幌子，开设了一系列的与中国传统文化相符合的项目比赛，但是这些项目比赛并没有将传统武术文化的内涵、价值并体现出来。到最后，还是回到原点为竞技武术服务，久而久之民间武馆也失去了弘扬传统武术而存在的价值。

（三）传统武术在商业化的过程中逐渐变味

传统武术要想快速适应迅速变化的社会，就必须要在市场竞争中获得一席之地，从而获得属于自己的消费群体。实际上，兼具强身健体和艺术审美价值的武术相比其他的体育项目来说更容易获得自己的市场。但是结果却出乎意料，传统武术在商业化进程中，忽视了对传统武术的创新和传承，偏离了正确的发展轨道，导致传统武术很难在市场中取得自己应有的竞争地位，具体表现为以下两点。

1. 投机者利用传统武术攫取商业利润

只要有市场，竞争就会一直存在，换句话说竞争是伴随着市场产生的。有些人为了在竞争中取胜会采取一些不当的手法，这是不可取的。具体到传统武术市场领域，有的人故意拜德高望重的武术师为师父，但是学完后却没有掌握武术的精髓，却借着师父的名声大肆开设民间武馆，从中谋取高额的利润。这种赚取商业利润的行为不仅容易扰乱武术市场秩序，而且不利于传统武术的传承和发展。

2. 传统武术传承人走商业化道路

还有一部分人虽然加入了传统武术传承的队伍，但是他们却别有用心，只是为了利用传承人这个身份来得到国家政策的扶持。因此，这些人一贯采取的套路就是通过投入一部分的资金来开设武馆，但是只生产适销对路的武术产品。再加上他们没有太多的精力做其他的事情，因此对于怎样促进传统武术的发展也没有充足的时间进行思考，这就产生了他们表现上看着是在继承和发展传统武术，实际上是在谋取高额经济利益，为传统武术的传承和发展带来不必要的麻烦。

三、制约传统武术文化发展的文化因素

（一）传统文化中的消极因素制约了传统武术的发展

传统武术诞生于博大精深、源远流长的历史文化的中国大地上，受到了中华文化几千年的熏陶，现已经形成了独具东方文化特点的表现形式。因此，传统武

术的各个方面也必然彰显中国传统文化的特点，中国传统文化中的消极成分也可能对武术的传承和发展起到阻碍作用。传统文化中的不利因素制约着传统武术的发展，具体表现在以下几个方面。

其一，中国封建社会时期一直推崇的家族以及宗法关系影响着武术传承的方式，具体体现为以家庭传承（师徒传承）的方式，这种传承方式最大的弊端就是传男不传女。

其二，传统武术中隐约还存在着中国封建迷信思想。比如拜师时必须要跪下磕头；禁止其他武术派别的弟子学习本派武术；一日为师，终身为父；等等。这些都不利于传统武术的发展。

其三，传统武术还有传内不传外的说法，外人想要学习传统武术比登天还难，就算有的武术大师破例传给外人，他们都会多一个心眼，自己留一手，这就加大了传统武术传承的难度，一些武术精髓也得不到后人的继承。

随着社会的不断发展，传统武术在市场竞争中获得了相应的份额，成为一种可消费的商品。学习者可以通过交学费的方式向传统武术的传承者学习武术，看起来挺好，加快了武术传承的步伐。实际上传承者在利益的诱惑下，已经忘记了自己的初衷，开始利用自身的武艺赚取更多的利益。

综上所述，大部分人不太愿意花费大量的时间在传统武术的学习上，这就为传承传统武术文化带来了一定的困难，随之而来的传统武术本身也会因为得不到传承而被限制在有限的范围内发展。

（二）西方体育文化对中国传统武术的冲击

在当代国际社会中，西方体育文化占主导地位，我国传统武术也面临着西方体育文化的不断侵蚀正在丧失国内主导地位、逐渐消失在人们视野中的困境，传统武术传承迫在眉睫。为了迎合世界多元文化的发展，我国在实行改革开放的过程中曾加大了对西方文明优秀成果的交流与融合，在体育方面表现为：引进了西方国家先进的体育项目，比如篮球、拳击、跆拳道、柔道等，而且这一时期外国的体育项目在我国体育项目中占比较高。由此导致我国本民族的传统体育发展相对薄弱。作为传统体育中的传统武术更是受到了西方体育项目的限制，发展的空间也变得越来越小，而且西方的一些体育项目对于青少年来说具有较大的吸引力，不仅好学而且有趣，迅速得到了他们的好评。就拿跆拳道来说，曾在各地区风靡一时，成为广大青少年竞相追求的时尚运动，而中国的传统武术却沦落到无人问津的地步。

如果传统武术得不到传承，将对传统武术的未来发展产生深刻的影响。西方体育文化在世界体育项目中的地位异常稳固，传入中国后还得到了不同年龄段人群的一致认可。纵观国内体育锻炼的现状，健美操、瑜伽和篮球等西方体育项目活跃在中国任何一个角落，而锻炼传统武术的人群则少之又少。尤其是篮球项目，无论是在学校的操场上还是健身房内，都随处可见青少年打球的身影。面对西方体育项目不断地侵蚀中国体育市场的局面，中国传统武术更需要加大与西方体育文化的交流与融合，只有这样才能确保传统武术在世界体育项目中获得一席之地。

由于西方体育文化在中国市场上的地位越来越稳固，这将给中国传统武术的发展带来巨大的挑战。不仅传统武术的传承方式和训练方法受到了西方体育文化的影响，而且传统文化的发展理念也深受其害。正是西方体育思想对传统武术思想的不断侵蚀，才导致传统武术原有的发展理念被抛弃，沦为不受重视和喜爱体育项目。国内一直宣扬和追捧西方体育文化，为了符合奥林匹克竞技运动精神，传统武术将竞技武术发展作为重点，忽视了对传统武术的传承，导致传统武术开始走向竞技化的道路，竞技武术与传统武术出现了严重不平衡的现象，甚至让人产生了竞技武术将取代传统武术的误解。还有国家教育部虽然将武术课程写进了体育教学大纲，但是在具体实践中，许多高校并没有真正实行。上述这些问题，都将对传承传统武术带来深刻的影响，进一步加大了传统武术在世界上获得发展机会的难度。

第三节 传统武术教育中的文化传承

一、武术文化在教育中的传承与发展的意义

（一）丰富传统武术教学内容

中国武术经过几千年的历史发展，已经形成了独具东方特色、种类繁多、技法鲜明、文化内涵丰富的运动体系，如果加大对传统武术的发掘和整理，相信还会出现更多的、更优秀的技击项目。传统武术按其技法特点分类，通常可分为以下四大类：一为形意、八卦、太极；二为通背、劈挂、翻子；三为地躺拳、象形拳等；四为查、华、炮、红、少林拳。传统武术具有众多流派，每个流派都有不同的内容，可以满足学生不同的需求，丰富的传统武术教学内容不仅可以改变高校传统的教学方式和教学模式，还有利于激发学生的学习兴趣。

（二）满足学生求知的欲望

中华民族有着五千年的发展历史，在悠久的历史发展长河中，传统武术成为中华民族灿烂文化中的一部分，已经被赋予了浓郁的东方文明的特点。传统武术在形成和发展过程中，始终受到中国传统文化形态的深刻影响，因而导致传统武术蕴涵了丰富的文化背景和人文思想，已经成为独特的民族文化的载体，不管是丰富的内容还是变换多样的招式都彰显着中华民族的优秀文化和民族精神。因此，将传统武术文化引进高校是当务之急，不仅有利于学生认识到本民族的文化，而且还有助于继承传统文化、发扬中华民族的优秀精神。大学生从事传统武术文化教育，不仅能够提高自己的行为修养水平，还可从中感受中华民族传统文化的博大精深，从而增强自己的民族自豪感。

（三）保留传统武术的地域性

中国是一个地大物博、民族众多的国家，传统武术在其不断地发展中，也在

不断地与各个地域的自然环境、民俗风俗相结合，具有明显的地域性特征。带有地域性特征的传统武术文化不仅具有坚实的群众基础作后盾，而且还可以在本地区得到快速的发展。中国传统武术向来有"南拳北腿，东枪西棍""北少林，南武当"之说。因此，这就对高校的武术教学提出了更高的要求，不仅要从教材上做出调整，而且选取的教学内容也要结合当地传统武术发展的现实情况，选取学生感兴趣的拳种，从而增强学生对传统武术文化的认同感。另外，高校还应该不断完善武术课堂教学体系，从而不断地提高教学质量，为武术事业的发展出一份力。

（四）促进学生终身体育观念的形成

传统武术相比其他体育项目，有自己鲜明的特点，不仅武术技术简单、实用，武术套路也短小、易演练，受到了广大青少年的喜爱。在高校武术训练中，教师采用的训练方式也是各不相同的，既有提高学生武术竞技能力的单项练习，也有凸显传统武术审美价值的套路练习。既有单个人进行练习的动作，也有两个人或者多个人进行练习的动作。不管怎么说，传统武术练习还不受时间和空间的限制，学生可以根据自己的喜好和时间安排随时随地进行训练。另外，传统武术训练还有利于充分培养学生的个性，激发他们对传统武术学习的兴趣，从而有效实现传统武术的教学目标。

二、武术文化在教育中传承与发展的途径

（一）转变和革新旧有的传统武术思想观念

传统武术产生于中国的农耕时代，是中国奴隶社会、封建社会的产物，在这样的历史背景下，政治、经济和文化都相应地表现出较强的封闭性特点，而传统武术文化作为这一时代的产物也自然具有封闭性的特点。由于当时社会环境以及习武人自身素质的限制，武术被看作是专业人士的附属物，再加上当时的武术

传承方式多以传内不传外、传男不传女居多，这就大大限制了传统武术对外传播的速度。中国古人在意识形态上缺乏条理性和逻辑性，在思考问题时没有一个固定的、规范的标准，也不存在固定的评价标准，因此对于习武者取得的学习成果也就没法进行计算，这是造成武术门派众多的最直接的原因。传统武术深受我国儒家思想的影响，具有固守本土、排他性的特点，禁止与其他门派的拳种相互交流，这在当代社会是很不利于获得长足发展的。当今世界体育强调的是开放、各国之间体育文化的相互交流与融合，而且就连奥林匹克运动会体系也开始成为一个相对开放的体系。因此，传统武术文化要想在多元文化发展背景下经久不衰，就需要主动地构建一个全新的开放体系来适应新时代提出的要求。

就当前传统武术发展的现状来看，存在着亟待解决的问题，发展前景更是令人担忧，尤其是竞技武术的快速发展，导致中国武术存在一条腿走路的不平衡发展局面。另外，广大人民群众对传统武术的认识也存在着较大的误区，他们普遍认为竞技武术就是传统武术的全部。但事实上，竞技武术与传统武术是同一问题的两个方面，都需要引起大众的重视。同时，传统武术中蕴含着中国几千年来浓郁的传统文化精神，这是竞技武术难以超越的，更不用说替代传统武术了，这一点需要所有的习武者心里都有一杆秤。而且，当代社会中存在的传统武术体系，缺乏一定的文化因素作支撑，对传统武术中蕴含深厚的中华民族优秀文化内涵了解的人也少之又少。综上所述，中国传统武术文化要想在新时代背景下，永葆生命力，就必须要高度重视对传统武术中蕴含的文化因素加以传承和发扬，并与竞技武术相互促进、相互发展，共同实现传统武术的可持续发展。针对当前高校武术教学存在的问题，高校必须要从观念上引起重视，改变当前武术教育中落后的教学思想、模式和教学方法，继承中国传统武术中的精髓，去其糟粕，从而构建出一套科学的、系统的、全面发展的武术教育体系，更好地指导传统武术实践，使传统武术真正成为名副其实的文化武术，受到世界文化的认同。

（二）大力抓好学校武术教育基础教学

1.加强学校传统武术教学基础设施建设

当前高校的武术教学普遍存在着基础教学设施不完善、教学条件差和教学方法落后等一系列问题，这也是影响传统武术传承发展的最重要的因素，因此各高校一定要加强对校园内武术教学基础设施完善的力度，确保场地和器械能够满足学生对武术学习的需求。尽管部分高校付诸了行动，但是取得的效果甚微，仍存在教学条件差的现象，直接影响着武术教学的长远发展。

因此，为了确保传统武术传承顺利开展，提高高校武术教学质量，获得预期的教学目标，各高校更应该在教学设施和教学条件上投入更多的精力和物力，具体问题具体分析，共同努力为学生创造一个和谐、有利于学习的氛围，另外，学生在这样的环境中学习也会收到意想不到的结果。在场地使用方面，部分高校严重存在资源浪费的现象，这就需要高校领导引起高度重视，合理利用场地的每个角落，更好地为学生提供丰富的实践活动。高校基础设施和场地的建设离不开校领导的参与，这就需要他们自觉地从观念上引起重视，加大投资力度，从而为学生提供一个良好的学习环境。

2.增加传统武术课外活动

高校武术教学要想取得更好地发展，不仅需要教师在课堂上传授武术理论知识，而且还需要为学生提供丰富的实践活动，实践活动是完善武术理论知识的有效途径。因此，高校要将两者结合起来，共同展开武术教学活动。课外实践活动的主体虽然是受教育者，但是教育者也要积极地参与其中，这就需要高校采取措施加强教育者参与课外活动的积极性。比如：教育者可以鼓励学生参与一些武术社会组织活动，从而使课外活动根据规范性和组织性，成为促进课堂教学发展的好帮手。教育者在组织学生参与社团活动中，还要具有明确的教学目的，培养社团组织中的骨干力量。在社团活动中学生难免会存在一些问题，这时就需要教育者对学生进行引导帮助，从而增强他们的自信心，提高学习成绩。高校通过组织社团活动，不仅可以增强学生对本民族传统武术文化的认同感，有利于高校武术教学的顺利开展，同时还能达到强身健体、修身养性的目的，最重要的是还可以加快中国传统武术文化传承的进度。

高校武术教学不仅需要学生具有大量的武术知识，而且还需要学生有较强的实践能力，这对促进高校完成武术教学目标具有重要的意义。因此，在武术教学中教育者要遵循理论联系实际的原则，将课堂教学与课外武术活动结合起来。课堂上，学生需要将教师讲授的知识吸收和内化，在课外活动中学生需要将内化的东西用实际行动展示出来，即对课内知识的再一次消化。只有课堂与课外活动共同发展，才能切实提高高校武术教学的质量。

3. 加强高校传统武术师资队伍建设

高校武术教学质量的提高不仅与受教育者有关，更与教育者有关。因此，高校武术教学一定要将提高教师整体素质和专业知识能力作为重点任务去解决。但由于我国高校的武术教育者大都来自体育院校，这就需要体育院校从以下两个方面入手，加强他们专业知识和专业能力的提高。

首先，体育院校要根据高校对师资需求的现实情况，及时对本院校武术内容进行调整，为了培养出一批优秀的师资力量，体育院校还需要不断与其他普通院校相结合，取长补短，共同为师资培养贡献力量。

其次，各体育院校都要构建一个科学的、系统的武术教学体系，这对提高师资队伍水平具有重要的意义。高校在注重提高培养师资整体素质和专业教学水平的同时，不仅要结合教学内容，加强对教师基本技能的培养，还要鼓励教师们多研究一些强身健体的功法机理和理论方法。建设一支高素质、高质量的师资队伍，不仅需要高校的努力，还需要国家政府部门充分发挥自己的职能，为体育院校创造良好的教学条件，使教师能够不定期地参与专业的培训，鼓励教师进行武术方面的科研等。只有这样双管齐下，才能多途径、多形式地加快高校武术师资队伍建设，也才能使高校的武术教学取得进一步的发展。

师资队伍质量的提高直接影响着高校武术教学能否取得较高的成效。当前师资队伍质量的培养主要从两个方面入手，一方面是武术业务培训；另一方面是武术科研。纵观高校当前的师资队伍，以年轻教师居多，尽管年轻教师有朝气，能够与学生打成一片，但是缺乏一定的教学经验和科研经验，这就需要经验丰富的老教师发挥带头作用，为年轻教师提供有力的指导，从而促进年轻教师在武术教学上取得进步。高校武术教学发展要想得到迅速改善，就需要高校改变传统的教育方法，加强对师资队伍专业素质和业务水平的培养，这对于传统武术传承也是至关重要的。

另外，高校师资队伍建设还需要加强对教师教学方式和教学技能的培养。一个成功的武术课堂必定是学生与教师配合默契、和睦相处的课堂，这就需要教师要具有高超的教学技巧，激发学生的学习兴趣，使学生自觉地参与到课堂教学中。武术传承最重要的方式就是口头传授，这就需要教师注重提高自己的语言表达能力。在武术教学中，教师不仅要注意语言表达的技巧性，还要注意吐字清晰、简洁凝练，通俗易懂，利于学生接受。因此，在武术教学中，教师可以采用生动形象的语言向学生传授知识，这样才能激发学生对武术学习的兴趣，才有助于学生对武术动作的理解和演练，更重要的是才能够促进教学顺利开展。另外，在教学中，教师还要具有察言观色的能力，当学生学习遇到困难时，要及时给予引导，从而增强学生的自信心。由于学生存在着个性和智力上的差异，因此这就需要教师要尊重个体差异，一视同仁，不仅要对成绩突出的学生进行表扬，而且还要对成绩差的学生给予鼓励，耐心帮助，提出有帮助的建议，从而使其不再对武术学习产生排斥心理。在教学中，教师只有做到这样，才能真正使学生感受到教师的真诚，愿意与教师交心。师生关系融洽了，不仅有利于教学顺利开展，还有利于高校传统武术教学水平得到不断提高。

第四节　传统武术文化的创新发展策略

一、放开思路，加强传统武术的改革与创新

要想对传统武术进行改革和创新，就必须要从传统武术继承和发展的角度着手，改革和创新是对传统武术原来优秀成果的传承和延续的重要手段。

传统武术要顺应现代社会的发展变化，充分发挥自身的价值，根据当代体育提出的要求，不断改革和创新，完善自身体系和价值体系，从而创造出属于本时代特色的武术项目。

传统武术获得可持续发展的最关键一点就是要不断创新。传统武术的可持续发展，不仅要保留祖辈们长期以来创造的优秀成果，还要站在当代体育对武术不同要求的基础上，构建新的武术招式和套路运动，从而适应文化多元化发展的世界。

二、重视理论，加强传统武术创新体系研究

构建一个科学的、系统的、多方面的武术理论体系对于传统武术的发展至关重要，因此在传承武术中，要始终坚持科学发展观这一原则，不仅武术理论体系要科学化，而且武术竞赛模式、武术技术训练都需要科学化。有了科学的、系统的武术理论体系作支撑，我们在发展传统武术中，才能游刃有余，在武术的各个方面取得较大的进步，也才能使武术工作顺利开展。另外，武术在现有的发展基础上，不仅要注重体育化研究模式，还要将武术整个文化体系作为研究模式，双管齐下，共同加快传统武术传承和发展进度。

三、简化套路，制定国家标准促进传统武术的创新

简化套路，并非意味着对套路运动的删减，而是一种综合性的简化。简化就

是指传统武术在与外界其他体育项目进行交流中，取长补短，构建一套适合自身发展的武术套路体系。

当前，面临武术门派众多、武术技术复杂、缺乏统一规范的问题，我国传统武术简化套路需要从以下几个方面入手，从而促进传统武术的创新：一是保留传统武术的风格，在此基础上对传统武术套路进行简化；二是保留套路中的代表性招式，在此基础上增加传统武术的趣味性；三是保留拳种的特性，根据不同社会需要进行相应调整；四是制定统一的国家标准，注重传统武术文化内涵的丰富。

四、转换角度，促进企业文化与传统武术文化有机融合

企业是现代化经济社会的核心组成部分，随着社会经济水平的不断发展变化，企业也逐渐成为当今社会组织结构的发展主体，因此传统文化的创新也可以考虑将企业结合一起，从而促进传统文化的发展。

企业与传统武术文化有机结合，需要国家将企业作为传承发展传统武术的平台，积极鼓励企业开展一系列的武术活动，向中国乃至世界弘扬优秀的武术文化和销售中国传统武术文化产品，从而将传统武术文化的继承和创新推向新的高度。

五、加强交流，创建传统武术现代化创新模式

加强传统武术与外界的交流，也就是加强各门派拳种之间的交流。传统武术不仅门派众多，而且有几十种甚至上百种拳种，正是这些拳种共同发展，才促使传统武术呈现出全新的、"百花齐放"的画面，因此，鼓励不同拳种相互交流，对传承和创新传统武术具有重要的意义。

传统武术现代化创新模式获得成功的原因主要有以下几点：

一是有科学的、系统的价值理论做支撑；二是有明确的发展方向；三是政府

支持力度高；四是在注重学校教育的同时，逐渐走向职业化发展；五是加强与其他体育项目之间的竞技交流；六是提高市场竞争力，走商品化发展道路；七是传统武术发展的最终目标是走向国际化。

第五章 中国武术文化的产业化发展

传统武术产业化发展必然要经历传承、交流、开发和宣传等一系列的过程，利用和开发传统武术资源，形成传统的武术市场，这是发展传统武术产业最关键的一步。本章从武术产业概述、武术文化产业化发展研究现状分析和武术文化产业运作与管理三个方面内容展开论述。

第一节 武术产业概述

一、武术产业的概念及发展历程

（一）武术产业的概念

界定传统武术产业的含义，需要从现代经济学的角度入手，主要指在社会主义市场经济条件下运行的传统武术，这是从宏观层面来解释的。传统武术产业，包括两方面的内容：一方面入市场实行商业化经营的传统武术活动，另一方面包括和传统武术相关的所有生产与经营活动。

在现代社会主义市场经济背景下，产业发展的前提条件就是能否带来足够的经济利益，从而吸引更多的群体。因此，传统武术只有在带来可观的经济效益的前提下，才能引起人们的注意，才能获得自身的发展。如果传统武术产业只注重发展精神层面的东西，没有可观的经济效益，一定无法引起人们的兴趣，对自身的发展也将是不利的。因此，传统武术产业要想获得长足的发展，必须将为公益型、事业型的模式转变为经营型模式，才能带来可观的经济效益。

传统武术产业化发展必然要经历传承、交流、开发和宣传等一系列的过程，利用和开发传统武术资源，形成传统的武术市场，这是发展传统武术产业最关键的一步。传统武术产业发展的核心就是要对传统武术的体制进行改革，焕然一新，有自身独特的发展潜力，从而为社会提供更多的传统武术生产资料。

传统武术产业的发展既要遵循现代武术运动的规律，又要符合社会主义市场经济发展的要求，然后大力开发传统武术的经济功能，通过一系列的经济行为，使传统武术在社会主义市场中站稳脚跟，满足广大人民群众对武术产品的不同需求。在大力发展社会主义经济的背景下，传统武术产业在此环境下一定会有更广阔的发展前景。当前，学者对传统武术产业提出了不同的见解，以下三种说法具有代表性。

首先，会涉及"传统武术产业"的内容，他们认为传统武术产业化发展，既包括传统武术的经济活动，也包括和传统武术直接相关的所有生产与经营活动。

其次，认为传统武术产业化是一种经济机制的形成，是一种从注重传统武术事业基本运动方式向市场经济转变的经济机制。因此，传统武术产业化发展也必然要在遵循自身发展规律和市场经济规律的基础上，将经济和武术有机结合在一起，通过运用一系列的市场经济方法、原则、行为与手段，从而刺激传统武术商品的需求，拓宽传统武术市场，形成新的发展机制。

最后，从传统武术产业化性质上定义，即传统武术产业就是传统武术服务业，是一些具有相同特征的经济活动的系统或者集合。在对产业基本了解的基础上，综合多方面的因素对传统武术产业的理解。具体来讲，以传统武术技术作为支撑，向社会提供传统武术相关产品的一切经济活动以及相关经济部门的总称，即为传统武术产业。其中，传统武术产品主要包括两个部分，分别为服务与产品。经济部门不仅包括企业，还包括各种从事经营性活动的其他机构，如社会团队、事业单位、个人或家庭。传统武术产业具有自身的特点，是中国体育产业的重要组成部分。想要发展传统武术产业，一方面要讲求经济效益，另一方面也要讲求社会效益。在经济全球化不断发展的背景下，作为传统文化的有机组成部分——传统武术，更应该顺应时代发展的要求，在继承的基础上加以改造和创新，从而形成新的传统武术发展机制，加快传统武术产业化的发展。再加上国家加大了对传统武术的投资力度，因此传统武术产业发展也将走向稳定、和谐、健康、有序的发展新模式。

（二）武术产业的发展历程

"学会文武艺，货卖帝家"这一谚语产生于古代，由此可见传统武术在当时一直是被人们当作谋生的方式来学习的，而且有的习武者也将传授传统武术作为一种谋生的方式。这些都足以见证，对传统武术经济价值的研究早在古代就已有之，是武术产业发展的初级阶段。

随着社会的不断发展变化，人们的生活、工作节奏也逐渐加快，在承受各方面压力的同时，健康问题受到了人们的关注。由此，人们开始对身体健康提出了更高的要求，武术作为强身健体、修养身心的健身运动受到了更多人的喜爱和重视。

同时，我国老龄化越来越明显，健身运动给老年人的身心带来了巨大影响。部分老年人钟爱传统武术，他们认为传统武术不仅能够达到强身健体的目的，而且使人心情愉悦，身心得到和谐发展。

二、武术产业的分类和特征

（一）武术产业的基本分类

传统武术产业发展的重要前提是要对传统武术的产业体系进行充分的认识和了解，只有这样，才能从整体到局部，具体问题具体分析，获得传统武术产业的和谐稳定、健康有序的发展。

传统武术核心产业是传统武术产业体系发展的基础，而传统核心产业的典型代表就是传统武术技术。任何体育产业要想获得长足的发展，就必须要加大提升技术水平的提高。在传统武术核心产业发展中，一定要将传统武术技术的发展放在主导地位。只有传统武术的核心产业稳定发展了，才能带动传统武术外围、中介产业的发展。反过来，后者只要得到稳定发展，就能对前者起到稳定和固定的作用。总之，传统武术的核心产业、外围产业以及中介产业是一个辩证统一的关系，相辅相成，缺一不可，这三个因素是促进传统产业化发展的关键。

（二）武术产业的特征

1. 关联性

传统武术作为中国传统文化的有机组成部分，不仅具有博大精深的文化内涵，而且有精湛的武术技术，因此决定了武术产业是一种具有很强关联性的产业。另外，传统武术既有强身健体的实用价值，又有可观赏的艺术价值，因此，加大对传统武术的开发，必定会带动和传统武术相关联的其他产业的发展，如传统武术用品业、传统武术培训业等。因此，我们说传统武术产业的发展具有较强的关联性。

2. 潜力巨大，影响深远

传统武术产业的发展前景是广阔的，意义深远的，不仅具有广泛的群众基础作支撑，而且凝聚了中国传统文化的精髓，因此传统武术产业的发展是潜力巨大的。

正是传统武术自身的特点，决定了其发展更需要产业化这种发展模式，再加上传统武术产业是在社会主义市场经济体制中发展的，充分发挥了传统武术的经济价值。因此，传统武术产业化发展，不仅有利于传统武术文化和技术的继承和发展，促进了国民经济的增长，同时还促进了当地的经济发展。

除了上述三点好处外，由于传统武术具有能源消耗少，不会对环境造成严重污染的特点，因此可促进传统武术产业的可持续发展，在获得经济利益的同时，又能促进生态平衡，因此更应鼓励全国各地积极发展传统武术产业。

3. 社会价值良好

传统武术产业不仅能带来经济利益，而且还会创造出社会价值，对社会各个方面的发展都有所涉及。传统武术作为一种劳动密集型的产业，除了能为社会解决就业难的问题外，还能促进其他产业的发展，因此说，传统武术产业具有良好的社会价值。

4. 国际化趋势明显

传统武术正在因其自身独特的实用价值和艺术价值被世界所关注，在受到外国人喜爱的同时，传统武术产业也相应地有国际化发展的趋势。截止到目前，国际化武术联合会的会员已经覆盖全球，众多国家和地区的参与为推动传统武术产业化向国际化发展奠定了坚实的商业基础。

第二节　武术产业化的模式及意义

一、武术产业化的发展模式

一般而言，武术产业化发展的模式有两种：一种是政府参与型的，另一种是市场主导型的。这两种模式的发展对武术产业发展都具有重要的作用，但我国倾向选择以政府参与型的武术产业发展模式。如果政府对武术产业发展的态度是冷漠的、放任的，那么就可以选择以市场主导型的发展模式。相反如果政府充分发挥自己的职能，设定传统武术产业发展的目标，而且还通过行政手段进行调控和引导武术产业发展，那么就可以选择政府参与式的模式。

在借鉴西方体育产业化发展的基础上，我国确定了武术产业化的发展模式，即政府参与型，这主要有以下两方面原因：

首先，是由传统武术自身原因决定的。传统武术的消费观以及市场体系等还存在诸多问题有待解决，如果采用市场主导型的产业化发展模式，不仅会导致传统武术产业发展缓慢，更不利于传统武术自身的完善和提高。

其次，通过政府参与式的发展模式，不仅可以充分发挥和利用政府的职能，为传统武术产业的发展谋局、调整和引导，弥补传统武术自身的不足，还能加快武术产业化发展的进程。

总而言之，传统武术产业化的发展并不是单方面的发展，它需要政治、经济、文化和科技多方面因素共同参与，只有这样，传统武术产业的才有广阔的发展前景。

二、发展武术产业化的意义

随着物质和文化水平的提高，人们逐渐开始从对物质需求层面转向对精神生活领域的关注，尤其是健康产业，作为体育文化的一种运动——武术也意味着在今后发展中会越来越好。中国传统武术产业化发展，不仅有利于增强经济实力，提高综合力。同时，只有正确把握传统武术市场构成的基本因素，严格遵守社会主义市场经济的发展规律，中国传统武术产业化发展才能取得长足的发展，中国传统武术也才能走向世界。

（一）对自身发展的意义

对传统武术自身发展而言，具有以下意义。

1. 传统武术产业化有利于传统武术运动的发展

传统武术产业化发展对武术完善自身、促进自身发展具有重要的作用。随着人们对精神文化的不断追求，人们的审美意识、欣赏水平都发生了翻天覆地的变化，作为精神文化的重要组成部分——武术也必然要顺应时代发展的潮流，为满足大众不同的审美需求，完善和调整自己的内容，来适应相应的传统武术产业体系。一方面，传统武术要多普及一些健身价值高的项目；另一方面，在武术练习中要将竞技武术的"高、难、美、新"展示出来。要加强对传统武术文化内涵的解读，使人们对武术有一个整体的了解。

要想将上述目标一一实现，就需要耗费大量的时间、精力和财力，国家还要举办各种国际、国内的传统武术比赛，加强传统武术基础理论的科研等。这就说明了，单方面依靠国家是行不通的，因此发展传统武术产业化对解决传统武术经费不足具有重要的意义，不仅有利于促进传统武术稳定发展，而且对传承中国优秀的民族文化也意义重大。

2. 传统武术产业化有利于传统武术资源的保护

要想实现传统武术产业化发展，就需要对传统武术的发展历程进行实地考察、研究，从而有效地、完整地保存传统武术文化发展的形式和内容，为后代留下丰富的精神财富。

3. 有利于习武人群的增加

近几年，一些高校不断开设新的武术类专业，吸引了一大批年轻人报考和学习。广大武术爱好者的加入必然促进传统武术的发展，再加上传统武术符合现代人对健康价值的要求，因此在未来武术产业的发展将会有更加广阔的发展前景。

（二）对社会经济发展的意义

1. 传统武术产业化有利于经济的发展

传统武术产业化发展对经济发展的影响也是深远的，其不仅解决了当前社会中就业难的问题，而且还收到了丰厚的经济利益，尤其是热爱武术、锻炼身体的人群有了消费的机会。就业难是阻碍社会经济发展的重要原因，传统武术产业的发展有效解决了这个困难。

2. 传统武术产业化有利于国民经济产业结构的优化和调整

第一、二产业的发展促进了国民经济的不断发展，尽管我国的第三产业发展缓慢，传统武术作为第三产业，必然要受到国家政策的扶持，因此在这一优惠政策驱使下，传统武术产业发展前景可想而知。另外，传统武术产业的发展，对带动我国第三产业的发展也是非常重要的，有助于中推动中国体育产业制造业的发展。

3. 传统武术产业化有利于促进消费

扩大内需是促进国民经济发展的重要驱动力。近几年来，国家通过扩大内需来促进群众的消费，对国民经济健康、快速和可持续发展作出了突出贡献。传统武术文化作为凝聚中国优秀传统文化的一部分，加大对传统武术产业化发展也是劳动内需的重要手段，而且对吸纳社会中的闲散资金也具有重要的意义。

第三节　武术文化产业化发展研究现状分析

一、武术产业化发展的现状

（一）紧密依托教育事业的大型武术学校

在这里，不妨说一下山东中华武校的发展现状，它依靠大量地招收外国留学生和参加商业演出，获得经济来源。中华武校之所以成为当前大型的武术学校，不仅因为充分挖掘和发挥了产品附加值的作用，更重要的是在武术教育服务产品中科学投入了各类资源。中华武校将传统的、单一的、只注重习武者技术提高的人才培养模式转变为既注重习武者专业技术提高，又重视习武者文化水平提高的人才培养模式，为当代武术竞技体育发展人才可持续发展奠定了良好的基础。这从近几年中华武校被录取的毕业生可以看出，这些毕业生不仅拥有精湛的武术技击技术，而且文化知识水平较高，这都为传统武术产业提供了巨大的发展空间。除了山东的中华武校是这样的经营战略外，河南塔沟武校也在努力向这一发展方向靠近，甚至很早就在武术表演领域进行过探索[①]。

---

① 中国娜. 燕赵武术文化研究 [M]. 北京：人民体育出版社，2010.

（二）影视传媒与竞技比赛的紧密结合

影视传媒在传统武术发展中的普及和应用，对武术产业的发展具有重要的推动作用。影视传媒因其具有传播速度快、范围广等特点，在传统武术实现产业化发展中，不断地被用来宣传传统武术的内在魅力，并且获得了辉煌的成就。像李小龙、成龙这样的影视巨星和代表作品受到了全世界观众的喜爱，这在无形中为武术影视市场的发展注入了新鲜活水。比如，2018年中国春节联欢晚会上播出的武术节目"双雄会"，就充分利用和挖掘了现代媒体的传播作用，不仅向观众展示了中华传统武术的艺术魅力，更是起到了很好的宣传作用。除了武术表演，国家还利用电视节目宣传了中国传统武术，比如中央电视台的武林大会节目。这些节目在潜移默化中将武术发展放在了的突出位置，对中华传统武术走向中国、走向世界具有深远意义，大大增强了传统武术的影响力和艺术魅力。

（三）基于文化软实力的武术节与旅游业

举办武术节不仅有利于传承和发展武术文化，而且还可以收获可观的经济利益。比如，最早举行武术节的沧州，不仅充分发挥了当地的人文优势，促进了当地传统武术产业的发展，还为各地举行武术节积累了丰富的经验。自从沧州成功举办武术节之后，河南郑州武术节以及世界各地武术节开始纷纷出现在大众的眼前。沧州武术节以宣传与发展沧州为主题展开。当前，我国各个地区武术节遍地开花都是受沧州武术节的影响，这对中国传统武术的发展具有重要的推动作用。沧州武术节不仅推动了中国传统武术的继承和发展，更是探索中国传统武术带来经济效益的重大举措。同时，体育产业的发展与旅游产业的发展是相互联系、相互制约的，因此作为体育运动的一部分——传统武术的发展也必然与旅游业紧密相关。中华武术发展历史悠久，在长期发展中，形成了浓郁的地方特色，因此要想充分挖掘和发挥传统武术的经济效益，就需要国家做好武术发源地与有关品牌的包装工作和推广工作。以河南嵩山少林寺为例，它不仅加强了对当地武术资源的保护和开发，而且在健身武术旅游业发展上投入了更大的精力、物力和人力，这对充分发挥传统武术产业具有重要意义。随着嵩山少林寺武术表演节目和武术比赛的举行，全国各地人们纷纷前往当地，不仅促进了当地旅游业的发展，还为传统武术产业的发展提供了强大的推动力。

二、武术产业化过程中的问题

（一）武校发展中重武轻文，不利于民间武校健康发展

最开始，武术被作为公益性事业发展。随着武术产业化的发展趋势越来越明显，为了获得丰厚的经济利益，人们纷纷投入到武术学校创办中。在经济利益驱使下，武校学校中存在的弊端也逐渐暴露出来，首先，教师整体素质低，在教学中一味地强调学生武术技能的提升，却忽视了学生对学生文化知识能力的培养，不利于学生全面和谐发展。另外，只注重发展学生的武术技术，一旦与社会发展提出的要求不吻合，学生就会陷入既不能依靠自身精湛的武术技艺谋生，又不能依靠自身文化知识水平谋生的两难境地，长此以往，不仅不利于学生实现自身价值，还会不利于社会的稳定和谐发展。其次，民间举办武校的教育层次仅仅局限在小学和初中阶段，学生很难考上理想的大学，这就加大了武术学校向高校输入高水平、高质量武术人才的难度，不利于传统武术的传承和发展。最后，受观念的影响，人们大都认为武校里培养的都是四肢发达、头脑简单的学生。

（二）武术产业化相关人才严重短缺，相关制度有待优化

武术学校的教育层次仅仅局限于小学和中学，因此培养出来的人才也是有限的，更不用说传统武术产业化发展方面的经营人才了。尽管武术专业人才往往

是专业型人才，但是，由于缺乏经营意识，因此在经营的过程中不论是积累的经验，还是经营的水平都无法满足快速发展的传统武术产业，导致传统武术部分无形资产功能与效果常常被忽视，不能充分满足广大消费者的不同需求。因此，武术经营人才数量的不足是影响传统武术产业发展的关键因素。各行各业发展，人才都是推动产业发展的关键，因此，传统武术产业发展要想有更好的发展前景，首要解决的问题就是引进与培养高素质的人才。除了人才匮乏外，中国传统武术产业化发展，还存在比赛制度不完善、裁判队伍管理不严格等问题。

三、武术产业化过程中具体问题的解决对策

（一）进一步完善武校的管理制度

首先，进一步优化传统武术产业的管理机制，确保所有武术学校的审批程序和管理机构更加清晰明了，上到证件管理，下到评估工作，促使传统武术学校在各方面的管理中都有明确的规则和制度可以遵循。

其次，优化武术学校教练及裁判的整体业务素质，要不定期对武校的教练和裁判进行岗前培训，通过培训、考试，对那些通过考核的教练和裁判颁发上岗证书，从而确保武校产业化的发展。

再次，优化武校教学内容，不仅要传授学生精湛的技术动作，还要加强学生文化知识能力的培养，从而使学生能够全面和谐发展。

最后，加大武校与各类高校的联系，有效解决长期存在于武校的师资培训问题，从而为武校人才进入高校进修提供便利，最终培养出高级的武术人才。

更重要的是，传统武术的传承者在履行义务的同时，要坚持以人为本的原则，从而编排出实用、短小、便于操作和普及的套路，让更多的人能够参与到武术学习中。

（二）进一步规范武术管理人才培养与武术技术标准

武术产业化发展能够顺利开展与武术管理人才密切相关，因此我国要大力实施和落实人才培养战略。首先，武校不仅要建设一批武术理论丰富、高素质的现代化教师队伍，还要熟练掌握现代教育技术，能够灵活运用现代教育手段；其次，丰富武术教学内容，除了要讲授武术专业理论知识、武术专业技能技术外，还要渗透与武术相关学科的知识，比如市场营销学、体育经济学、体育管理学，从而使学生成为多方面发展的武术经营人才；再次，在武术产业化发展过程中，要始终将武术技术发展作为核心任务，从而实现武术技法的完整统一，防止现实中偏离武术技术知识教授现象的发生；最后，在传统武术产业化发展中，还要运用数字化、网络化技术手段，大力宣传传统武术，从而使传统武术获得市场竞争力，引起世界人民的关注和认同。

第四节　武术文化产业运作与管理策略

一、积极借鉴 NBA 产业俱乐部联盟的组织形式

NBA 联盟就是由 30 个俱乐部组成的市场主体，它的经营模式是在市场经济条件下独立完成的，既没有政府的干预，也没有社会企业、赞助商的加入。同时 NBA 联盟没有法人资格，从根本上说这是因为其是非营利性的篮球行业组织，因此获得经济效益应属于该联盟内所有成员的。NBA 联盟相比其他组织形式来说，具有联合其他分散俱乐部，综合处理内部事务和外部事务的优点，不仅可以提高办事效率，而且还有利于实现统筹发展。NBA 联盟对内能够顺利实现各俱乐部的均衡发展，大大降低运营的风险对外，NBA 联盟形成了垄断，有助于实现更大的经济效益。NBA 联盟中各个俱乐部的关系是对立统一的，这些俱乐部不仅能增加收入，还会为在比赛中获胜而展开激烈竞争，此外各俱乐部会为了共同的经济效

益和制造出优良的赛事产品而进行紧密协作。NBA 联盟内部的规章制度往往会对各个俱乐部形成较强的约束力，由此能够有效防止恶意竞争的情况出现，最终有助于各俱乐部实现持续发展的目标。

从 NBN 俱乐部产业联盟的组织形式中，中国传统武术产业受到了较大的影响。就拿中国武术职业联赛来说，首先，各俱乐部必须要顺利通过民政部门或工商部门的审批注册，通过采取契约的形式才能顺利实现武术联盟；其次，武术竞赛也同样应被俱乐部作为核心产品发展。中国在武术俱乐部产业联盟组织形式上进行了多方面的探索和创新，但是由于我国武术产业发展存在不健全、相似赛事组织经验缺乏的问题，因此在此发展过程中，仍有弊端不断地显露出来，影响了传统武术产业的可持续发展。面对当前中国武术产业化发展的现状，我国传统武术应先积极成立武术俱乐部，充分发挥各俱乐部的联盟作用，从而推动中华武术产业的大发展、大繁荣。

二、构建完整的武术产业结构，打造巨大的武术产业链

各行各业的发展，都需要构建一个完整的产业结构，如果一个企业的产业结构不完整，就无法真正实现可持续发展，具体到传统武术产业，也必然要符合这一发展要求。NBA 产业之所以取得了辉煌的成就，离不开完善精细的产业结构和产业链。在确保产业链整体发展的同时，上游企业与校友企业相互合作，共同进步，为产业发展奠定了良好的物质基础。具体在传统武术产业发展中，大型的武术比赛节目中的观众，俱乐部联盟中的中下游产业，这些都反映了产业结构和产业链完整对传统武术产业发展的积极作用。

由于中国传统武术发展具有浓郁的地方特色，因此各个地区的传统武术都未形成较大的发展规模。现以武术器械为例，传统武术产业具体包括浙江丽水的宝剑制造业、河北定州的武术器械制造业、登封市少林宝剑厂、少林亨达武术用品厂、福建的散打用品制造业等。众所周知，中国传统武术产业种类繁多，但是一

直采用的是分散经营的模式，没有实现统一的管理，因此这对于传统武术产业的整体发展是非常不利的。尤其是对于传统武术产业的上游和下游产业来说，它们之间的交流和联系次数有限，无形中就会增加武术产业链整体发展的难度。传统武术产业链要想获得整体发展，必须要将武术联盟作为上游企业，促进传统武术其他企业之间的联系，从而确保上游产业与下游产业的共同发展，在此过程中，政府的宏观调控职能具有重要作用。

三、打造精彩赛事并发展成武术产业的核心

当今世界体育产业的发展都需要通过扣人心弦的体育赛事吸引观众的眼球，从而推动体育产业的快速发展。就拿观众喜爱看的 NBA 赛事来说，每年都会为观众呈现 1230 场常规赛，这还没有加季前赛、季后赛、总决赛，赛场数就已经这么多了。尤其是比赛中精确的抢断、犀利的盖帽、狂暴的扣篮、致命的三分球，再加上个性张扬的极具运动天赋的球员、热情奔放的篮球宝贝、完备的配套经营，这些都是吸引观众的重要部分，同时也促进了篮球项目在全世界的普及与发展。

尽管我国的武术运动也举行了大大小小的比赛，包含了许多的技击方法，但是发展前景仍令人担忧，比赛中选手们运用的技击方法比较少，大都选择老生常谈的散打技术，这势必削弱了观众观看的激情。如果想观众能够真正看得懂武术比赛，就需要对比赛规则做出明确的规定。如果中国武术产业得不到进一步的发展，就会直接影响武术下游产业经济的发展，情况不容乐观。因此，中国武术产业要想取得长足的发展，必须要在武术比赛中，强调选手运用多样的技击技术，向观众展现出武术文化高、难、美的特征，从而让全世界的人们都感受到中国武术的艺术魅力，投入对中国武术学习的浪潮中。武术赛事要想更加精彩绝伦，不仅需要多样变化的技击技术，而且需要利用高科技技术，从而提高赛事转播时的画面效果，给人留下深刻的印象。

四、尽全力打造自己的品牌，提高品牌价值

品牌是当前企业在市场竞争中立于不败之地的法宝，品牌不仅有利于人对产品的认可，更能提高产品的知名度和认可度，是企业获得高额利润的重要保障。更重要的是，品牌是无法进行计算的，它提供的价值远远要比产品的本身价值高得多，这也是广大消费者购买品牌的重要因素。还拿现在体育产业发展的领头羊NBA来说，NBA品牌不仅促进了文化产业的发展，还拉动了市场经济的发展。众所周知，NBA联盟授权的产品类型多样，且远销世界各地，受到了广大消费者的喜爱。在不断的发展中，NBA不仅向观众提供了精彩绝伦的赛事，而且还组织了各种类型的社会活动，这些都在无形中提升了NBA品牌效应。

因此，中国的武术产业要想获得良好的发展前景，也需要不断地提升武术品牌效应，通过打造属于本民族文化的品牌，在市场经济争得一席之地。在发展自身品牌的基础上，少林派走在了发展的前沿，为传统武术的发展树立了良好的榜样。其中表现最为突出的是塔沟武校在中国每年春节都会为观众提供一个精彩的节目，不仅受到了中国人的喜爱，更引起了世界人的关注和认可。

第六章 中国武术文化生态可持续发展体系的构建

在科学技术水不断发展以及体育市场化的强烈冲击背景下，传统武术文化留下的精神文化财富在现代体育发展中也已经开始慢慢被人淡忘，严峻的形势不得不引起当代人的深思。本章主要介绍了加强武术课程教学体系建设、加强武术训练与竞赛体系建设加强武术人才体系建设。

第一节 加强武术课程教学体系建设

一、传统武术教学现状分析

（一）传统武术教学观念现状

传统武术教学的发展尽管有一段的时间，但收效甚微。究其原因，表现为两点：首先，作为中国传统文化的组成部分，在具体教学中传统武术教学观念没有与新时代体育教学观念相吻合；其次，高校教师没有真正领会传统武术教学促进学生身心健康和传承武术文化的教学本质。

在具体教学中，部分高校教师还存在对教学目标和发展方向不明确的问题，主要体现为以下两个方面：

（1）以为传统武术教学属于体育类专业课程，因此常用专业的武术标准来教育和指导学生，没有遵循学生的发展规律，导致学生产生抗拒心理，最后失去对传统武术学习的兴趣，从而阻碍了传统武术运动在高校中的普及。

（2）认为传统武术教学属于娱乐性体育活动课程，在具体教学中，过分强调传统武术活动的娱乐性，忽视了传统武术教学的道德性和实用性价值。

（二）传统武术教学教材现状

教材是进行武术教学的重要依据，对武术教学的顺利开展具有重要的指导作用。学生通过学习教材，掌握大量的武术专业理论知识。武术教材不仅是武术教学内容和教学方法的知识载体，而且还是教师与学生联系的重要载体，因此教材对于学生和教师而言，作用是巨大的。

但是，当前高校传统武术教学中，教材普遍存在着以下三个方面的问题，具体分析如下。

1. 传统武术教材不统一

当前我国高校武术教材编写缺乏统一的指导，每个高校的武术教材呈现的教学内容侧重点也各不相同，由于教材没有进行统一的规范，因此，会严重阻碍高校传统武术教学的可持续发展。同时，教材内容缺乏科学性、系统性、逻辑性，会对学生的身心发展产生不利影响，导致他们不能将书本上的专业知识内化为自己的东西，从而影响高校传统武术教学目标的实现。

2. 武术教材质量不高

当前高校传统武术教材都属于自编教材，虽然使用的教材版本不同，但是里面的内容却大同小异，混淆了人们的视野，造成了武术研究繁荣的假象。而且部分高校的教材还存在整篇、整节内容相似的问题，这种质量不过关的教材，让学生学了，也很难达到传统武术教学的目的。

3. 武术教材内容不合理

当前高校武术教材中的内容多偏重理论知识的讲解，忽视了对学生实践能力的培养，各个专业知识之间缺乏必要的联系。尤其在简单的套路练习中，单个动作过多，套路编写少，这很难激发学生的学习兴趣。在教师指导下，学生还可以进行模拟练习，一旦离开了教师，学生掌握起来就会比较困难，久而久之，缺乏自信心，对传统武术学生产生抵触心理，这是非常不利于高校传统武术教学顺利开展的。

针对上述高校传统武术教材中存在的问题，本书认为国家亟待组织专业科研人员和武术教育教学工作者共同编写出高质量的武术教材，有了教材，教师才能进行有效的教学，学生才能进行自主学习。

（三）传统武术教学内容现状

当前，高校传统武术教学普遍存在教学内容过于单一、重实践轻理论的问题，严重阻碍了中国传统武术的继承和发展，是不符合新时代体育多样化发展要求的。

首先，任何一门学科的教学内容都要符合教学大纲的要求，传统武术教学也不例外。我国传统武术教学大纲是国家制定的，因此每所高校的武术教学内容也大体是相似的，比如初级套路演练，但是竞争性和攻防性较强的传统武术教学内容却涉及较少。在具体教学过程中，涉及的传统武术项目也不多，尤其在普通高校中，武术相比其他学科占比小，凡此种种对于继承和发展传统武术教学都是极为不利的。另外，在武术教学中，尽管有学生对传统武术教学充满了兴趣，但是由于教师在具体教学中，较注重武术动作的外形和规格，教学内容变得枯燥、无味，使部分学生逐渐失去了对武术学习的兴趣。因此，这就需要高校及时改革武术教学大纲中的不足之处，创新和发展武术教学内容，挖掘简单实用、动作组合又少的攻防作用，从而激发学生对传统武术的学习兴趣。

其次，有的高校存在重实践轻理论的教学问题，马克思主义理论提出理论和实践是相结合的，它们的关系是辩证统一的。因此，在武术教学中，教师应将理论和实践相结合，共同促进传统武术教学的发展。丰富的理论知识有利于学生领会传统武术的精髓，但是当前高校传统武术教学中，都普遍存在武术理论课时少、重武术实践的问题，不仅不利于学生真正地把握传统武术的文化内涵，更不利于高校传统武术教学目标的实现。

因此，高校传统武术教学在注重学生身体素质提高，使他们掌握必备的武术技能的同时，还应加大传统武术理论知识的学习，使学生充分体验到传统武术的精神内涵，继承和发扬传统武术文化，从而满足学生全面发展的要求。

（四）传统武术教学方法现状

当前高校传统武术教学一直沿用传统的、单一的、"填鸭式"的教学方法，这种教学方法在新时代发展背景下，一些弊端逐渐暴露出来，下面我们来具体分析一下。

"填鸭式"的传统教学方法，将教师放在教学的主导地位，强调以教师的教为主。这样的教学方法，首先，不利于充分学生的主观能动性；其次，枯燥的、"满堂灌"的教学理论知识的讲解，不利于激发学生对传统武术学习的兴趣；最后，学生的学习积极性不高，不利于传统武术教学目的的实现。

因此，在新时代背景下，高校的传统武术教学更要顺应时代的发展潮流，将现代教学手段、教师和学生有机结合起来，从而顺利实现传统武术的教学目标。

（五）传统武术课程设置现状

根据国家制定的传统武术教学大纲的要求，每所高校的传统武术教学中都要开设武术课，且大多以选修课的方式出现的，教学的内容为初级三路长拳、初级剑术、二十四式太极拳等。

高校开设传统武术教学的目的是促进学生的身心和谐发展。由于传统武术课是选修课，学生缺乏对传统武术的深入了解，因此，根据自己的兴趣和项目的特点而选择传统武术课的，这对于高校传统武术教学的发展是极其不利的。同时，传统武术课的教学内容有限，因此对于想要继续进修武术的学生来说更是增加了一定的难度。

众所周知，传统武术的套路演练、动作技能和器械技术都是一气呵成的，但是当前高校武术教学课时安排却是分散的，不利于学生对武术套路的系统学习。

另外，分散式的教学还不利于高校武术教学取得良好的发展。

（六）传统武术师资建设现状

当前高校传统武术教学中的教育者大都是体育院校的毕业生，很少一部分是专业武术学校的毕业生，即使是专业的武术毕业生，但是他们的理论知识学习也都是大纲规定所学的内容，这就容易使教育者知识面狭窄、整体素质不高，从而不利于传统教学的顺利开展。还有，传统武术教育者的教学态度差、教学水平以及专业水平低等问题，也是制约高校传统武术教学发展的重要因素。

（七）传统武术教学设施现状

当前，尽管中国高校加大了在传统武术教学上的投资力度，武术人数也逐渐呈递增趋势，但是由于传统武术教学并非真正意义上的体育教学课程，仅仅被作为一种运动项目，因此，部分高校传统武术教学都存在着教学设施不完善、教学条件差的问题。

其中，教学设施不完善具体表现在传统武术教学器材数量少、器材设备严重受损等方面，不仅会威胁到学生的人身安全，而且不利于高校传统武术教学的顺利开展。另外，传统武术教学场馆的建设不仅是高校开展传统武术竞赛活动的重要条件，还对高校培养出高水平的武术人才也至关重要。

因此，为了促进传统武术在高校中的发展和普及，各个高校都应加大在传统武术教学设施上的投资力度，只有充分为学生提供必要的物质基础，学生才能在传统武术学习上更上一层楼。

二、传统武术教学体系理论与发展探索

（一）传统武术的教学规律

1.技能形成规律

武术技术动作的学习，既要获得外部运动的感觉，又要受内部心理活动的支配，两者结合，才能通过肌肉形成一种反射效应。首先，运动感觉的产生，要受到大脑皮层动觉细胞的影响，这也就是生理功能。也可以这样认为：运动的生理机能是以大脑皮质活动为基础建立的暂时性神经联系。由此，传统武术技能的形成要受到生理和心理两方面的影响。

从生理学和运动学的角度来说，传统武术技能的学习和掌握要经过三个阶段，具体分析如下：

第一阶段为简要掌握阶段，也就是学生要对传统武术的技术动作概念有所了解。

第二阶段为具体掌握和改进阶段，也就是学生要对传统武术技能有更深层次的掌握，确立肌肉运行的基本路线。

第三阶段为巩固发展阶段，也就是学生要做到武术动作与动作之间的有效衔接，从而实现传统武术技能动作的技能化。

学生只有遵循传统武术技能形成的规律，才能在具体的学习中更得到不断的发展和进步。

2.学习认知原理

认知心理学是传统武术技能学习的理论基础，其中认知心理学中的"痕迹衰退说"认为，传统武术技能的学习和掌握就是通过人的"记忆"和"知觉"来获得的。这种观点强调人的内部直觉的作用，主要是通过人的一系列的内容心理活动来获得的，是动觉表象。而认知心理学中的"反馈说"则是认为传统武术动作的学习是通过人不断地练习、不断地提高获得的，这种观点强调人的外部动作的

变化，是视觉表象。总而言之，传统武术技能的认知过程为，大脑通过对接收来的信息进行深层次地加工，然后向人的肌肉发出动作指令，使学生完成高难度、复杂的技术动作，从而形成了不同风格的武术技术动作。

3.运动负荷规律

任何一项运动都有一定的运动负荷。因此，在具体实践中要考虑两方面的因素：一种是运动量，另一种是运动强度。从字面意思来理解，运动量就是指数量、次数，运动强度就是指速度、密度、重复距离等。高校传统武术教学的最终目的是促进学生的身心发展，这一目的的实现必然要通过学生不断地练习和掌握技术动作，在不断的练习中学生要承受和适应一定的训练负荷，而学生通过适应一定的训练负荷从而提高对外的适应能力的过程就是训练负荷原理。因此，在具体教学中，教育者要从多方面考虑学生最佳的训练负荷量，循序渐进，促进教学目标顺利完成。

4.武术技法技理学习

（1）学生需要对传统武术技法应有一个全面的了解，从而为以后掌握精湛的技能做准备。

（2）在具体教学过程中，武术教师要抓住主要矛盾，具体问题具体分析，在确定好传统武术教学内容的重点后，教师要分配好武术技术动作学习的课时数，尤其对于重点的技术动作，教师更要进行详细的讲解，从而使学生充分掌握传统武术技术的精髓，促进传统武术的大发展。

（3）注重传统武术教学规律和教学方法的使用，教师在具体指导学生练习武术的过程中，要尽量要求学生将手法、步法、眼神、劲力、节奏、身法、呼吸有机结合，共同作用，从而培养出高水平的武术竞技人才。

（4）对于重点的武术技法学习，教师要多向学生演练几遍，突出传统武术技术动作的专项特点，从而促进学生对传统武术有一个更深的文化了解。

（二）传统武术教学的内容与步骤

1.武术课堂教学

（1）掌握丰富的理论知识有助于学生更好地实践。因此，在理论知识讲授过程中，教师要将武术技术的动作、过程、术语、要领、要求、技术特点等内容讲解清楚。此处教师要注意语言使用的清晰度和准确度。

（2）技术动作示范

技术动作的示范，需要教师保持认真的态度、规范自己的动作，展现出传统武术动作的艺术美感。对于技术动作难的部分，教学要有足够的耐心，对动作进行分解示范、完整示范，从而使学生掌握武术技能的精髓。

（3）技术动作领做

学生对传统武术技能动作概念充分了解的基础上，教师要带领学生一起练习。在领做的过程中，教师一方面要注重动作方向和位置的准确；另一方面，要确保自己站的位置，全体学生都可以看到。

（4）指挥学生练习

当学生掌握了基本的传统武术技术之后，教师要边念口令，边对学生的不规范动作进行指导。通过对学生动作的指引，使学生正视自己的不足，及时加以改正，从而为后续传统技术的学习做准备。

2.武术套路教学

（1）基本动作学习

传统武术基本动作的学习对于学生掌握精湛的武术技能有重要的意义。因此在具体教学中，教师要不断使学生掌握传统武术的组合动作、套路动作以及攻防技能等方面的知识，从而为以后技术学习做准备。

（2）基本功练习

基本功就是学生为完成基本动作所应具备的专项身体素质，扎实的基本功练习对于学生今后掌握难动作具有重要的意义。

（3）组合动作学习

组合动作的学习对于学生掌握系统的、整体的武术套路技能大有裨益，其中，传统武术组合动作练习有手法组合、腿法组合、步形组合、腰法组合、跳跃组合以及综合性的组合，因此，掌握好组合动作对于学生今后练习武术套路具有关键作用。

（4）套路学习

由上所述，套路学习是通过上述组合动作来实现的，因此套路学习对于学生今后基本的攻防方法和形成具有重要的帮助作用。

（5）技术创新实践

任何事物的发展都需要创新，因此，在传统武术教学中，教育者要及时在传统武术技术动作的基础上，加以继承和创新，这样不仅有利于学生掌握时代发展要求的竞技、攻防性动作，而且还能引导学生自主创新，无形中提高他们的创新意识和创新能力。

3. 攻防技术教学

其中，传统武术攻防技术主要是指运用踢、打、拿等方法，以击败敌人并保护自己的活动。因此，传统武术攻防技术具有明显的特征——技击性和对抗性。

（1）基本动作学习

传统武术攻防性技术内容繁多，其中主要包括步法、手法、腿法、摔法、拿法等五类基本动作。学生只有在充分掌握了传统武术基础动作的基础上才能进入攻防技术学习。

（2）基本素质练习

要想掌握好传统武术技能技法，就必须要满足一定的身体素质的要求。身体素质强的习武者可以迅速掌握武术技术和技能动作，从而不断加大传统武术攻防性动作的难度。

（3）攻防技术组合学习

传统武术的攻防技术组合有多种形式，包括上肢动作组合下肢动作组合、上下肢动作组合、打摔动作组合、踢拿动作组合等。对各项动作进行灵活、合理的组合是攻防技术有效实施的前提。

（4）攻防战术学习

在传统武术对抗中，攻防技术的学习和掌握是实施攻防战术的必要基础和保证。攻防战术可分为主动强攻、迂回强攻、防守反击、虚实结合、引进落空、后发先至等战术。

在进行攻防性技术教学中，教师要认识到实战的重要性，对于学生的表现进行有价值的指导和评价，从而使他们在实战中能够灵活掌握攻防战术的窍门。

（5）模拟实战练习

实战对于提高学生攻防性技术水平具有重要的作用，因此，教师可以在学生尚未熟练掌握技术和战术的情况下，按照每个学生的差异，安排一些实战练习，如步法移动练习、活动靶练习、指定进攻、限制实战、点击实战等，从而使学生在模拟的实战中积累经验，提高自身的应变能力。

（6）实战练习

学生武术技能技法的掌握水平要通过实战来进行评价，因此在实战教学中，教师要做到以下四点。首先，实战的双方，能力应处于同一水平，从而有效避免不必要的伤害；其次，实战的对抗时间要适宜，不能过长，否则学生会因为承受不了那么大的运动负荷量而受到伤害；再次，在实战中，要为学生提供一个安全的环境；最后，在进行完实战后，教师要及时对此次实战做出评价。

（三）传统武术的教学原则与方法

1. 武术教学原则

（1）全面发展原则

全面发展原则是高校传统武术教学应遵循的首要原则，这个原则受传统武术自身特点的影响，即传统武术有强身健体、修养身心的作用。

在传统武术教学中，除了要促进学生的身体健康外，还要加强对学生智力、情感、道德和美感的培养，这就需要高校教师在准确把握传统武术教学大纲要求的基础上，加强学生各方面能力的培养，从而使学生的身心得到和谐发展。另外，全面发展原则还要体现在传统武术教学的方方面面，比如教学内容、教学任务以及教学方法选择等。

（2）重视尚武崇德

崇尚武德是传统武术的重要精神文化内涵，"崇尚武德"从字面意思来理解，"尚武"就是要提倡和参与武术锻炼，"崇德"就是道德品德的修养。因此，作为习武之人，更有必要遵循这一原则。

在具体教学中，高校教师不仅要向学生传授武术理论知识和武术技能，还要不断加强学生思想素质教育，使学生在充分领会传统武术文化精神内涵的同时，自觉做到尊师重道、遵守社会公德和秩序、爱国爱民。

（3）强调直观教学

传统武术是通过外部动作和内部心理变化体现出来的，因此，在传授武术时，教师要多使用一些直观性教学法。

采用直观教学法也是由武术自身的特点而决定的，武术包含多种拳种、套路和器械技术，因此单靠长篇大论的理论讲解是不够的，还需要教师亲自示范动作，只有这样，学生才能熟练掌握武术的方向、线路和动作。

在传统教学中，当学生对复杂的动作不熟悉时，教师就会选择"言传身教"的方法进行教学，这样不仅有利于学生明确了解和掌握武术动作的往返折叠，而且还有利于武术各个动作之间的有效衔接，更有利于学生系统性学习。

（4）突出武术风格

在武术教学中，突出武术风格也逐渐成为教学应遵循的一个重要原则。主要表现为两个方面。首先，传统武术相比其他体育项目更具有专项特点。因此，在教学中教师要明确指出传统武术技术的风格特征，从而使学生将两者区别开来。其次，由于传统武术产生的地域环境不同，因此各个流派的武术动作也存在着较大的差异。这就需要教师在教学中，一定要充分把握不同拳种、套路和器械技术，从而向学生传授不一样风格特征的武术。同时，传统武术风格是通过典型的技术来体现出来的，比如：长拳的舒展大方、快速有力、动迅静定、节奏鲜明，太极拳缓慢柔和、外柔内含、体松心静、形意融合，南拳拳势刚劲、步伐稳固、发力发声、以气催力、手法丰富，等等。这就需要高校教师在传统武术教学中，既要将不同流派的武术动作和技术讲解清楚，还需要确保每一招、每一式的动作合乎规范，从而使传统武术展现出不一样的风格特征。

（5）注重内外兼修

众所周知，"修身养性"是传统武术的主要特点，具体来说，"性"指人的内心活动，如神、意、心智以及气息的运行；"身"指人的外部表现，如"眼、手、口、腿、足"等的变化。传统武术从古至今，都非常注重人的内外和谐统一，这也是传统武术重要的哲学思想基础。

只有习武者熟练地掌握了武术组合和套路的技法，才能真正做到"出神入化""心动形随"，从而实现内外和谐统一。因此，在传统武术教学中，教师要从多方面入手，强调学生内外的和谐配合，从而使学生成为全面发展的人。

（6）终身体育原则

终身教育原则不仅适用于其他学科教学，对于武术教学来说，更是如此。首先，教师传授的丰富武术理论知识对于学生今后的运动健身都会有深远的影响；其次，学生对传统武术产生浓厚的兴趣，会继续深入研究，不断获得新的知识，并为之不断地奋斗一生；最后，这也是传统武术课程标准的新要求。

2.武术教学方法

（1）语言教学法

所谓的语言教学法，就是指教师通过对学生进行语言指导，从而完成教学目标，其中语言教学法主要包括以下四种。

①讲解法

讲解法是教师最为常用的武术教学方法，其主要是教师通过对武术动作要领、方法、规则和要求等方面知识用语言讲解出来的一种方法。讲解法一般适用于简单动作教学。

高校教师在使用讲解法时需要注意以下五点。

第一，教师要明确教学目标、教学内容，根据学生身心发展特点，将知识讲解出来。

第二，讲解的内容要正确。不管是武术基本知识还是武术竞技规则要求，都应做到准确无误，不得随意增加或删减，加入感情色彩。

第三，语言的运用要生动、具体、有重点。为了使学生充分领会动作的要点，教师一定要用简明、生动、易懂的语言进行讲解。

第四，讲解的知识要具有连贯性，不能将武术理论知识和实践割裂开来，要确保武术知识之间的衔接，从而使学生在掌握的知识基础上，能够做到举一反三。

第五，讲解的过程中，要注意调动课堂氛围，从而激发学生的学习兴趣和积极性。

②口头评价法

口头评价法一般用于某一部分、某一阶段武术教学结束后，教师对学生完成的动作情况以及课堂表现给予口头评价，从而使学生及时认识到自己的长处和不足。

在具体武术教学中，口头评价主要表现为积极的评价和消极的评价。积极的评价就是指对学生完成动作情况和课堂表现做出的正面鼓励，有利于激发学生学习的积极性，消极的评价主要针对学生的不足之处，从而使学生及时加以改正。不论使用哪一种评价，教师在评价中一定要注意自己说话的语气。

③口头汇报法

口头汇报的主体是学生，需要学生根据教学任务，向教师表述自己的学习心得以及学习中遇到的问题。在教学中，运用口头汇报法，不仅有利于增强教师和学生之间的联系，还有助于促进传统武术教学质量的提高。

④口令、指示法

在传统武术教学中，由于武术动作强调规范性、准确性，因此教师会时不时地用到口令、指示法。这些指示、口令，简短而有力，有助于指导学生熟练掌握武术的技术动作。

（2）直观教学法

直观教学法是通过一定的直观教学方式作用于人的感觉器官，从而引起相应的感知，从而实现传统武术教学目的的方法。直观教学法是传统武术教学最常用的方法之一，主要分为以下六种。

①动作示范法

动作示范法，要求教师将武术基本动作的走向、线路和要领通过示范展示给学生。可以由教师亲自进行示范，也可以由教师挑选代表进行示范，但不论采用哪一种示范方式，都必须要注意以下四点。

第一，目的要明确，对于不同动作的教学要求，在示范时要有重点，比如对于动作形象的示范可以做得快一些，对于结构动作示范可以做得慢一些，而对于高难度的动作，可以通过变换不同的方向进行示范。

第二，注意动作的准确性，避免因错误的示范使学生掌握不到武术动作的精髓。

第三，注意示范位置的选取，要尽可能考虑到每一位学生，使学生都能看到。

第四，根据教学需要，教师可以边讲解边示范，也可以先示范再讲解，还可以先讲解再示范。

在传统武术教学中，为了使学生充分掌握武术动作和理论知识，教师也会用图标、照片和模型等直观方法辅助教学，通过使用教具，从而使教学内容更加简单、易懂，激发学生的学习积极性。

②多媒体技术法

随着科学技术的不断发展变化，传统教学中也逐渐引入了投影、电影、电视和录像等多媒体设备，多媒体的使用大大提高了传统武术的教学效率。

这就为教师教学提供了诸多便利，教师可以根据一定的教学内容和教学目标，选用适宜的多媒体进行教学，在吸引学生的注意力的同时更好地完成教学。

③助力与阻力教学法

在传统武术教学中，教师还可以运用外界的助力增加学生在练习武术时的用力大小、改变用力方向，从而使学生更快地进入下一步学习中。

④完整教学法

完整教学法主要适用于武术动作的讲解中，因为一个武术动作从头到尾，是有效衔接的，尤其是在武术动作不可进行分解时这种教学方法使用的频率最多。另外，在首次进行动作示范时，也会采用完整法来进行动作技术形象的示范。

⑤分解教学法

分解教学法就是将武术动作合理地分解成几个部分或几个段落，逐个进行教授，最后完整地教授动作技术的教学方法。但前提是教师应该正确把握完整动作概念的基础上进行动作分解。只有这样才能在逐渐向完整教学法转化。

⑥预防与纠错教学法

在任何教学中，学生都会存在对某一个动作掌握不准确、状况百出的问题，面对这些问题，教师要正确对待，不得将学生的错误放大加以批评，而是要对学生犯的错误进行有效的引导和纠正。在武术教学中，教师不仅要时刻关注学生的学习进度，还要及时指出学生的不足之处，加以引导和改正，从而使学生正确掌握武术动作的要领。

（四）传统武术教学发展策略探究

1. 加强国家政策扶持

相比其他体育项目在学校中的发展和普及，我国的武术课程开设时间最短，因此，为了加快传统武术课程的发展，各级管理部门要尽可能地加大多方面的投入力度。

2. 调整武术教学目标

传统武术运动课程教学主要针对武术专业学生开展，但是过分强调学生竞技水平的提高，忽视学生基础运动能力的培养和身心的协调发展。

随着现代传统武术教学改革和传统武术教学理念的转变，高校的武术教学应该将增强学生体质、提高学生的健康水平作为首要的人才培养目标，从而使学生身心得到全面发展。

3. 合理选用教学方法

在传统武术教学中，熟练地掌握动作是需要不断地进行练习的，练习的过程又是枯燥乏味的，这就需要教师使用多种教学方法调动学生的学习积极性，使学生自觉、主动地参与到武术练习中，从而顺利开展武术教学。

4. 调动社会力量办好武术教育

单单依靠高校的力量是很难办好武术教育的，因此还要发挥社会力量在传统武术教育中真正价值，从而使传统武术教育稳定健康、和谐有序地发展。

传统武术凝聚了中华民族优秀的文化内涵，因此传承和发展传统武术是中华儿女应承担的责任，有利于社会上形成全民"尚武"的风气。单单依靠政府和传统武术教学事业是不够的，要想促进传统武术教育的大发展，还需要发挥社会中介组织的力量，鼓励更多的社会团体、民间组织以及个人兴办武术教育，从而为国家培养出更高水平、全面发展的高素质武术人才。

三、传统武术课程设置理论与发展探索

（一）传统武术课程内容设置

1.武术课程内容来源

（1）采纳上级课程文本建议

这里所说的上级文本，具体指国家教育行政部门规定的学校统一课程和教学内容，是专门为接受武术教育之后应该达到怎样的教育目的而开发的武术课程和教学内容。

在高校传统武术教学开展中，上级课程文本是一个重要的课程内容参考，具有一定的政策性和方向性。

（2）参考上级课程文本的建议

在具体开展传统武术教学中，由于每个学校的实际情况不同，因此参考上级课程文本的结果也不一样，除了要遵循上级文本的一些强制性的规定外，一些地区高校的武术教学内容，还可以根据当地的现实情况，进行创新和发展。

（3）修改上级课程文本的规定

上级课程文本是国家根据全国体育的整体发展情况而规定的，因此难免存在照顾不周的问题，因此对于不符合地方和学校具体情况的教学内容，地方学校应该进行科学地、合理地修改。

但是，对上级课程文本的修改并不是随意的，而是需要在尊重上级意图、强制性的基础上，进行合理的改动。

2.武术课程内容选择

武术课程内容不仅要符合国家武术的教学规定和学校的教学特点，更要符合学生的身心发展特点，下面具体从以下五个方面来说。

（1）武术课程教学目标

武术教学课程内容在实现武术课程目标的过程中，是作为手段而存在的。因

此，进行武术教学内容时，必须要按照武术教学目标进行。

（2）学生生长发育规律

每个学生都存在着认知、智力、生理和心理等方面的差异，它们之间相互影响、相互制约。

因此，在武术教学中，教师要尊重学生的个性差异，因材施教，从而使学生全面和谐发展。在武术教学中，武术教学内容选择和安排必须要遵循学生的个性差异性，只有符合学生的身心发展规律，才能使学生成为高素质、高水平发展的人。

（3）学生机能适应规律

生命体自身的发展也具有一定的阶段性和规律性，因此在进行一项活动时，要遵循客观规律。传统武术教学更应遵循客观发展规律，一旦超出学生身体机能的负荷力量，就会对学生的身体造成无法挽回的伤害。

学习武术不仅可以增强体质，还可以修身养性，因此，在传统武术教学中，高校教师要尊重学生的个别差异，在准确把握学生自身机能适应规律的基础上，选择正确的教学方法，从而促进武术教育的发展。

（4）学生身心发展需要

传统武术的教学目的是促进学生的身心和谐发展。因此，在选择武术教学内容时，要始终站在学生的立场上考虑问题，也就是说教师要尊重学生身体机能和身心发展规律，选择适宜的教学内容，从而激发学生对武术学习的兴趣。

（5）社会发展的需要

在传统武术教学中，除了讲授丰富的理论知识外，还要注重学生实践能力的培养。社会是学生自我价值实现的最终归宿，因此，在选择教学内容时，教师要将学生未来发展方向考虑在内。

传统武术理论知识和技能的学习能够为学生的健康作保障，因此在选择武术教学内容中，要与社会实际相符合，只有这样，学生在走出校园后，才能很快适应瞬息万变的社会。

（二）传统武术课程发展策略探究

1. 丰富武术课程类型、完善选课制度

面对各高校传统武术教学形式单一的问题，各高校要根据自身的特点，具体问题具体分析，从而探索出一个适合自身发展的教学模式。

当前，武术教学课程设置大都是以选修课的方式进行的，这是不全面的，应该将选修和必修结合在一起，共同为武术教学发展服务。另外，在课程设置方面，要充分考虑学生的学习兴趣，建立形式多样的武术课堂，从而能够让学生根据自己的喜好来选择自己选修的武术教学内容。这样的选课制度，不仅有利于学生终身学习武术，还有利于提高教学质量，促进教学的顺利开展。

2. 完善武术专业教材、拓展课程内容

传统武术教学作为体育学科中的新兴学科，不仅具有体育学科的竞技性特点，而且还涉及多学科内容，其中包括传统哲学、中医学、伦理学等，因此，各高校亟待完善本校的武术专业教材，从而吸引更多的武术爱好者，为以后的具体武术实践进行有效的指导。

同时，高校的武术课程内容单一，着重强调对套路演练的学习，但事实上，各高校的大学生都对格斗运动产生了浓厚的兴趣，因此这就需要传统武术教学改革教学内容，顺应时代发展的特点，拓展新的课程内容，从而满足广大学生的不同需求。

3. 加强武术资源建设、重视课程评价

首先，在传统武术教学中，教育者和受教育者都是教学的主体，既要尊重学生的差异，又要加强师资队伍建设，提高教育者的整体素质，从而更好地促进传统教学的开展。为了提高教师队伍的整体素质，就需要高校与其他高校不断交流，从而为教师提供专业的培训和较好的科研及教学环境。

其次，高校还要加强武术基础设施和场地的建设，有了充足的物质基础作保障，高校的武术教学才能顺利地开展。

最后，传统武术教学质量的提高需要进行专业的课程评价才能有清晰的认识，因此在具体教学中，教师不仅要重视学生学习过程质的评价，还要重视对学生学习结果量的评价，将定量和定性评价进行有机结合，从而实现课程评价的人本主义关怀。

4.进一步推进课内外武术活动一体化

传统武术教学单靠课堂上的那点时间是完全不能满足学生对武术知识的需求的，因此，高校还要注重武术课外教学活动的展开，只有将课堂教学与课外教学有机地进行结合，才能促进传统武术教学质量的提高。

当前，高校为了鼓励武术教师多参与到课外教学中，已经提出了多种优惠条件来引起他们的注意，其中有将课外武术指导工作纳入教师的考核制度、薪资机构的，这些措施大大促进了传统武术教学的顺利开展。

第二节　加强武术训练与竞赛体系建设

一、传统武术训练与竞赛现状分析

当前，虽然中国的传统武术训练与竞赛体系建设取得了一定的成效，但一些弊端也随着时代的发展日益凸显出来，这些弊端严重影响传统武术的继承和发展。下面，将对传统武术训练与竞赛的现状进行详细的分析。

（一）参与人数不断增加

随着国家对传统武术的重视以及高校中传统武术教育的发展和普及，参与传统武术练习的人数也逐渐呈递增趋势，导致人数不断增加的原因有以下三点。

第一，是由传统武术的自身特点决定的，武术不仅具有强身健体的功能，还有审美功能，在日益注重运动健身的 21 世纪，武术成为大众健身的不二之选。但是这些人群对传统武术的忠诚度也只限于健身方面，而武术竞技活动方面却很少人谈及。

第二，处于经济发展迅速、竞争压力越来越大的 21 世纪，追求身体健康成为当前的一种趋势，而作为既能够强身健体，又能够使人心情愉快的运动项目——武术逐渐受到人们的青睐。

第三，近年来，国家加强了对传统武术文化的继承和发展，越来越多的人开始了解和认识传统武术文化，无形中吸引了广大武术爱好者的加入。

截至目前，据不完全统计，我国参加武术练习的人数多达两亿之多，这个数字的出现，是任何一种体育项目无法比拟的，由此可见，中国传统武术正在爆发出永久的生命力，成为世界璀璨文化中的一颗明珠。

（二）赛事开展得如火如荼

随着国家对传统武术的重视，各种以传统武术为主题的比赛和武术竞赛有关活动在全中国如火如荼地进行着。其中，众所周知的武术竞赛有：国际螳螂拳交流比赛、国际形意拳交流比赛、传统武术功力大赛、郑州国际少林武术节、焦作国际太极拳年会等。这些武术节的举办以及武术竞赛的开展，不仅有利于传统武术走向世界，让全世界上的人有所了解和认同，还有利于传统武术在世界竞技体育中立于不败之地，更有利于传统武术的继承和发展。

（三）武术人才培养体系的完善程度较低

尽管传统武术在中国受到了广大人民群众的青睐，但是中国传统武术有关竞技人才的培养模式还严重存在着不足之处，主要表现在两个方面。一方面，我国专业武术训练人才相对较少；另一方面，专业人才体系不够完善。

纵观我国武术人才培养途径，大都依靠体育院校来输送高质量、高水平的武术竞技人才，这种单一的人才培养途径是不能满足广大武术爱好者的需要的。同时，传统武术人才培养的管理体系，缺乏系统性和科学性，存在着人才培养计划不清、经验不足等问题，这些都是传统武术训练人才培养体系不完善的集中表现。总而言之，我国当前传统武术训练人才培养体系不完善，需要从以下三个方面进行分析：

第一，在传统武术训练的后备人才、教练员、教材等反面较为欠缺。

第二，传统武术训练人才培养模式偏离社会提出的新要求，使用的教学方法传统、落后，在教学中没有严格遵循个体差异性原则。

第三，专门的武术训练基地和设备较为短缺，没有充足的物质基础作保障。

（四）套路竞赛规则可操作性有待提高

尽管中国历经几十年的不断探索和研究，发展和完善了传统武术套路竞赛规则，也取得了辉煌的成就，但是在新时代背景下，为了满足世界体育竞技对专业人才多样化的需求，我国的传统武术套路竞赛规则还需进一步的改革和创新。虽然，当前的传统武术套路竞赛规则和评价体系更加多样化，但是在操作性方面上的重视程度还远远不够。一般来说，普通的武术教师、教练，他们对于武术竞赛规则的认知程度较低，因此对于专业的裁判员一定要经过严格的筛选、培训、考核等一系列的过程才能凭证上岗，这是因为在武术竞赛中，选手难度动作的认定、线路方向的认定，都需要裁判能够瞬间做出评判，不同的裁判对武术动作的评判标准不一，因此，传统武术的发展在某种程度上还要受到操作性规则的影响。

（五）国内外套路竞赛标准没有实现统一

当前，国内外套路竞赛标准之所以没有实现完全统一，主要受两方面因素的影响，分别是竞赛规则和竞赛内容，具体分析如下。

第一，从竞赛规则上说，因为国内外武术竞赛规则受本国武术自身特点的影响，存在着明显的差异，因此无法用统一的评判规则约束言行，严重阻碍了武术竞赛的进一步发展。

第二，从竞赛内容上说，国际上武术竞赛项目共设有男女 20 个，且都是规定的套路，而中国武术套路比赛共设男女比赛项目 22 项，且为自选项目，由此可见，竞赛内容的不同，评判的标准也应按照不同的规则制定。

总而言之，国内外传统武术套路竞赛没有实现统一。一方面不利于中国传统武术走向国际化发展；另一方面不利于传统武术项目进奥运会。因此，我们更应该加以重视，及时提出有效解决办法，从而更好地实现传统武术竞赛的良性发展。

（六）竞赛宣传力度不够

目前，我国的体育项目比赛种类多样，在比赛之前，每一个体育项目都会进行大力的宣传，引起更多人的重视。但是传统武术竞赛相比其他的体育竞赛来说，宣传力度往往是有限的，这必然会没有其他运动项目那样更容易受到人们的关注。长此以往，传统武术运动就会逐渐从大众的视野中消失殆尽，这是非常不利于中国传统武术竞赛发展的。同时，宣传力度不够，传统武术竞赛消息传播就会不顺畅，导致武术人才对历年、历届的赛事举办情况不了解。

同时，受宣传力度小的影响，传统武术竞赛相比其他的体育竞赛项目，更难受到社会力量的关注，少了赞助商的经济支持，传统武术竞赛的发展将会更加举步维艰。

二、传统武术训练体系的建设

（一）传统武术训练体系的基本理论

1.传统武术训练的原理

传统武术训练中涉及的原理主要包括以下五个方面，具体分析如下。

（1）生长发育规律

人的身心发展是有一定的规律可循的，是客观存在的，不得违背发展规律，否则将适得其反。具体来说，人的发展规律具有阶段性、顺序性、不平衡性和差异性，因此，在训练中教育者只有遵循人的发展规律，才能事半功倍。

总而言之，人的生长发育过程是连续、不断完善的过程，因此在某一年龄阶段，身体的各个部分发展也并不是同步的，也一定会存在身体素质发展速度快慢的差异，这就需要教育者在不平衡发展阶段，要抓住学生的关键期，从而促进学生更好地训练，收获更多的知识。

（2）新陈代谢原理

一个生命有机体的存在也必然要进行新陈代谢，因此，可以说，如果不进行新陈代谢，人体的一切活动也就不可能顺利地进行，所谓的新陈代谢过程，就是人体与外界交换物质的过程。

在传统武术训练中，教育者需要重点掌握新陈代谢原理，从而更好地指导学生进行科学有效的练习。学生在不断的练习中，人体内的物质和能量代谢过程也会得到进一步的加强，从而消耗更多的能量，如果教师没有把握好新陈代谢原理，过度加大练习次数，就会使学生消耗不必要的能量。因此，在训练中，教育者要保证练习者有充沛的体力，只有这样，才能取得良好的比赛效果。

（3）机体适应理论

从本质上来说，通过反复的技术训练来有效刺激有机体各器官系统一系列的生理负荷，从而对自身在形态结构、生理功能和生物化学等方面产生一系列积极的适应性变化起到积极的促进作用，这就是所谓的运动。

机体的适应能力是一种生理本能，通常对于正常人来说，其机体都具有一定的适应能力。通过在负荷上给予习武者一定的刺激，能够使其适应能力有所提升，同时，这对于习武者自我的运动素质的改善、技术水平和运动能力的提高也是有所助益的。这也在一定程度上将"刺激—反应—适应"的最终结果充分体现了出来。在进行武术运动训练时，一定要注意不断刺激习武者生理和心理，并使机体和心理对这种刺激的适应能力逐渐增强，最终达到有效提高习武者技能和心理素质的目的。

（4）身心互制原理

身体和心理的和谐统一是有机体得以生存的重要保障，两者是你中有我、我中有你的辩证统一的关系。对于身心和谐统一的解释，西方哲学家是这样认为的，"身体是心灵和躯体的结合点"。当代对于健康的定义发生了改变，由原先的认为健康的身体就是指身体没有疾病转变为身体和心理两者都健康才是真正的健康。我国从古代开始，就非常强调身心和谐统一，尤其在《养生大观》中可以看到古代先人们对两者关系的最早解释："善养生者养内，不善养生者养外。"这些都为传统武术训练遵循身心互制原理提供了理论依据。

传统武术从古至今都一直强调人的身心和谐统一发展，因此在武术训练中，无论是对武术套路和技法的练习，还是对习武人的武德培养都是需要教育者引起重视的。从某种意义上来说，生理和心理是相互作用的，两者在训练中缺一不可，因此，只有教育者将两者进行有机的结合，才能使两者达到真正的和谐统一，才能充分发挥出习武者的真实水平。

（5）超量恢复原理

超量恢复原理又叫"超量代偿"，是苏联学者亚姆博斯卡娅提出来的，具体是指训练者在运动时和运动后休息期间能量物质消耗和恢复过程的超量恢复学说。

在武术训练中，以超量恢复原理为主要依据，可以将人体的训练过程分为运动时各器官系统工作能力下降阶段、运动后工作能力复原阶段、工作能力超量恢复阶段三个阶段。习武者要想达到有效增强体质，提高技术水平的目的，就必须经历这三个阶段。

通常来说，疲劳程度、运动量的大小和营养供给等因素往往会在一定程度上影响着超量恢复。

2. 传统武术训练的原则

在进行传统武术训练教学中，教育者要遵循一定的原则，才能全面提高学生的训练水平，获得理想的效果。其中，传统武术训练原则分为基础原则和具体原则，具体分析如下。

（1）传统武术训练的基本原则

传统武术训练的基本原则主要包括六个方面，下面将进行具体分析。

①全面性原则

全面性原则作为传统武术训练的首要原则，主要表现为，人体是由各种器官、组织和系统构成的，而且这些系统是相互联系、相互影响的。传统武术训练过程中要结合身体的各个部分共同作用，才能展示出传统武术的运动美感。而且遵循全面性原则，还可以有效避免身体不平衡和不协调的问题。

从当前传统武术训练的具体实践中可以看出，全面性原则是非常重要的，必须在科学、合理的指导下才能充分发挥作用。

②经常性原则

经常性原则，从字面意思来解释，就是指习武者要不断地加以练习，防止遗忘，这一原则的理论依据是达尔文的"用进废退"。在武术训练中，习武者要根据自己的近期目标和远期目标，进行有计划的练习，只要遵循了经常性原则，学生才会牢固地掌握传统武术技能技法，从而有效提高自己的水平。

③循序渐进原则

循序渐进原则与人的身心发展规律是紧密相连的。在不同的年龄阶段，人的内部器官的发展也是不均衡的，因此在训练中，教师要遵循学生的发展规律，由简单到复杂、由低级到高级地加强学生的训练次数和难度。只有在不断地适应的前提下，学生才能取得理想的训练效果，才能在不断的进步中获得丰富的经验，从而为下一步的训练做准备。

④积极自觉原则

积极自觉原则是针对习武者提出的，对于传统武术训练水平的提高至关重要。同时，遵循积极自觉原则也是科学训练的重要前提，要做到这一原则，习武者需要从以下三个方面着手。

第一，习武者要想取得良好的训练效果，就必然要花费大量的时间和精力进行不断的练习，这就需要习武者自觉积极地坚持训练。

第二，传统武术的练习过程是枯燥乏味的，习武者要想达到武术的最高境界，就需要不断地在练习中克服困难，勇往直前。

第三，习武者除了要提高自身的训练水平外，还要提高对武术训练的科学认知，在充分、全面认识到传统武术的功能、价值以及科学训练方法的基础上，自觉地进行武术训练。

⑤区别对待原则

区别对待原则是针对教育者提出的，由于传统武术有着广泛的群众基础，因此每一个习武者的年龄、性别和健康等方面也存在着显著的差异。这就需要教育者尊重学生的差异，选择合适的教学内容、教学方法和教学手段，从而做到有的放矢，区别对待原则。

⑥科学负荷原则

习武者在训练中所承受的负荷是一定的，负荷过大和过小，都是不可取的。其既会影响习武者的训练水平，还会影响他们的身体健康。因此，这就需要教育者在具体实践中，一定要根据每个人的身体发展规律，合理制定科学的练习时间和练习次数，只有这样，习武者才能在一定的强度和量的运动负荷下，不断取得进步，同时促进有机体与外界物质的良好交换。

（2）传统武术训练的具体原则

传统武术训练过程中应该遵循的具体原则，主要是针对传统武术的，主要有以下两个方面。

①形神兼备、内外兼修原则

传统武术因其自身具有的强身健体的实用价值和可观的审美价值获得了广泛的群众基础，尤其是它蕴含的哲学原理更是值得人们去深究和探索。传统武术作为中华民族传统文化的重要组成部分，所蕴含的精神文化受到人们的重视，这就需要教育者在进行武术训练中除了强调外部动作的形神兼备外，还要加强习武者道德素质的培养，从而使习武者真正成为全面发展的人。

②尚武崇德原则

古往今来，崇尚武德一直是传统武术所强调的重要内容，在古代，师父们还会将其作为挑选武者的重要依据。一个武德不好的人是不会被传授武艺的，甚至可以这样说，武德修养要比武术技能水平显得更为重要。

传统武术"尚武"的文化内涵在不同的历史阶段有不同的解释，其根本原因是由当时的社会环境所决定的。但通常情况下，"尚武"的文化内涵多为形容人具有不畏生死、勇往直前和保家卫国的斗争精神。

传统武术的"崇德"就是指对习武者道德品质的培养，从而使习武者能够做到诚信正直、谦和忍让、见义勇为、恪守文化规范。总而言之，尚武崇德原则不仅有利于学生充分了解传统武术的文化内涵，更有助于他们顺应时代发展潮流，成为符合国家全面发展要求的人才。

3. 传统武术训练的方法

要想取得良好的传统武术训练效果，教育者还要借助一定的训练方法。其中常见的传统武术训练方法有以下六种，教育者可以根据实际情况，选择合适的教学方法。

（1）重复训练法

重复训练法就是指教育者在不改变动作结构和运动量，在相对固定的条件下，对某一动作要求习武者进行多次的练习，从而提高武术训练水平。这也是教育者在训练中最为常用的方法。

在传统武术练习中，习武者通过对同一动作或同组动作的多次重复，从而有效地掌握武术动作的纲领和演练套路。另外，通过在一定符合条件下重复的练习，还可以使身体机能不断提高，产生新的适应机制，从而大大提高习武者的训练水平。

一般情况下，重复训练法都是以习武者参与训练时间的长短为主要依据，因此可以分为以下三种训练类型，分别是不足 30 秒的短时间重复训练方法、0.5～2 分钟的中时间重复训练方法以及 2～5 分钟长时间重复训练方法。

同时，在传统武术训练中，习武者还会通过对同一动作或同组动作进行多次的重复练习，从而强化运动的条件反射。

（2）循环训练法

传统武术的套路演练是由一系列的动作组成的，因此，在具体练习中，教育者将练习手段设置为若干个练习站，由习武者按照一定的线路和顺序，依次完成每一个练习站的动作，这种方法就叫作循环训练法。

依据不同动作承受的负荷量分为以下三种类型，即循环重复训练法、循环间歇训练法以及循环持续训练法。

从多次试验的结果来看，传统武术训练中运用循环训练法不仅可以增强学生学习武术的兴趣和积极性，而且还可以大大提升武术训练的效率。再加上，循环训练法的练习程序是由简单的动作组成的，不需要学生花费大量的时间和精力掌握，因此教师可以根据这一特点，在具体实践中用来重点培养学生某一素质的发展，从而促进学生全面发展。

（3）间歇训练法

间歇训练法顾名思义就是指学生在经过一段时间练习后，按照严格的间歇时间进行休息，然后再进行练习。其中，间歇训练法由五个基本要素构成，分别是每次练习的数量、每次练习的负荷强度、重复次数（组）、间歇时间和休息方式。

使用间歇训练法的同时要充分考虑学生的训练水平和身体状况，身体状况的好坏影响着学生训练中练习间歇时间的长短。在传统武术训练中使用间歇训练法，不仅可以提高学生的训练水平，而且有助于学生的身体机能在有效的时间内得到迅速恢复。

（4）变换训练法

由于传统训练过程是枯燥和单调的，因此需要教师在进行武术训练教学中，有目的、有计划地变换练习负荷、动作组合以及练习环境和练习方法，从而使学生继续投入到武术练习中。其中变换训练法主要分为两种类型，分别是连续变换和间歇变换。而变换的形式主要有内容的变换、形式的变换以及负荷的变换。

在传统武术训练中使用这一方法，不仅有利于激发学生继续学习武术的兴趣和积极性，而且有助于学生各方面能力得到充分的提高。更重要的是，通过变换训练法，可以加强学生对武术动作的记忆，从而促进身心和谐发展。

通常情况下，变换训练法用于练习的高原阶段，这时候学生的练习水平已经处于稳定发展阶段，通过变换练习内容和练习方法，不仅可以增强学生的学习积极性，而且有助于学生整体训练水平的提高。这个训练方法在武术技术训练中使用的次数最多。

（5）比赛训练法

比赛训练法就是指通过组织对抗比赛、小组比赛的训练方法，从而调动学生训练和比赛的积极性，这对于习武者武术技能水平的提高具有重要意义。其中，比赛训练法主要有三种形式，分别是模拟性比赛、检查性比赛和适应性比赛。比赛训练法一般用于传统武术技术训练课中，不仅能够充分调动学生的斗争意识，更容易培养学生克服困难、勇往直前的品质，使他们在一次次失败中积累丰富的经验，获得优异的成绩。

（6）综合训练法

综合训练法就是将上述五种训练方法结合起来使用的一种方法。需要明白的是，综合训练法并不是将上述的训练方法都加以利用，而是需要教师根据学生的水平和教学内容进行有效的选择，可以使用两种或者几种训练方法，从而提高学生的整体训练水平。

在武术训练中使用综合训练法，不仅可以调节学生训练负荷和休息之间的关系，而且还能有效实现教学目的，最重要的是既有利于提高学生的整体素质，还有助于学生充分掌握武术技能。

4.提高传统武术训练水平的途径

教师要想真正提高习武者的武术训练水平，可以通过多种途径实现，下面将对这些途径进行详细的介绍。

（1）将正确的武术价值观树立起来

在传统武术训练中，尽管都需要按照教师的要求按部就班地进行训练，但是由于每个学生的认知水平和智力存在差异，因此习武者要根据自己的实际情况，制订出符合自身训练水平的计划，然后一步一个脚印地去实现、去突破。对于别人提出的意见，习武者可以有选择地听取，为我所用，但是要注意，不能完全照搬别人的意见。由此可见，树立正确的武术价值观对于习武者训练水平的提高是非常重要的。

随着人们对传统武术的重视程度越来越高，有关传统武术的影视作品也层出不穷，但这些影视作品难免会存在扭曲或者夸大事实的问题，这就需要习武者用理性和辩证的眼光看待问题。摒弃不正确的观念，吸收精髓，持之以恒，脚踏实地地进行训练，从而提高自身的武术训练水平。

树立正确的武术价值观不仅有利于学生训练水平的提高，而且有助于促进传统武术的继承和发展。

（2）加强武术动作精神的练习与表达

在传统武术训练中，教师不仅要重视习武者外部动作的规范，还要加强习武者的精神练习。要想真正展示出传统武术的气势和运动魅力，就需要在武术训练中加强习武者"精气神"的训练。只有习武者的精气神得到了训练，才能将传统武术的艺术魅力和气势磅礴之势体现得淋漓尽致。

这就需要教师在训练中多注意学生面部表情的训练，从而使习武者始终保持精力充沛的状态。除了加强面部表情训练外，教师还要注意动作与面部表情之间的联系，从而使学生从整体上展示出传统武术艺术的磅礴之势。

（3）提升习武者的心理素质水平

在传统武术训练中，学生除了要有高超的武术技术，还要有良好的心理素质。心理素质不过关，是很难在武术运动比赛中取得优异成绩的。

当习武者出现心理问题时，教师要采取及时有效的心理调控措施，从而使习武者的心理健康水平得到一定的提高，从而促进武术技术训练水平的提升。这就需要教师在训练中，密切关注每一个习武者的方方面面，一旦发现习武者有不良心理状态，就要及时加以引导和纠正，从而使习武者及时摆脱不良情绪，更加积极主动地投入训练中。这里需要注意的是，教师采取的心理指导方法一定要符合习武者自身的性格特点，尊重个体差异，从而采取有效的措施激发习武者训练的积极性，提高他们的训练水平。

同时，对于习武者出现心理问题时，还可以对习武者进行专门化的提高心理机能的训练。尤其是当习武者在上场进行比赛时，出现的紧张心理，教练员可以优先使用"场外练习法"解决他们的心理问题，从而使他们的心理适应能力和调控能力得到不断提高。也可以通过变换不同的环境来有效解决习武者紧张心理的产生。通过有效的措施，习武者出现的心理问题都可以得到有效解决，只要习武者心理素质健康、武术技能水平高，取得优异的成绩指日可待。

（二）传统武术训练体系的发展探究

1.影响传统武术训练发展的主要因素

影响传统武术训练发展的因素有很多，但下面将具体介绍一下最具代表性的三个因素。

（1）习武者自身因素

影响传统武术训练发展的自身因素主要表现为身体状况、心理素质、运动水平以及武德等方面，具体分析如下。

①身体状况

由于每个习武者的身体状况存在差异，因此他们传统武术训练水平也有较大的差异，其中身体形态、身体机能以及运动素质等都会影响习武者竞技水平的提高。

②心理素质

传统习武者的心理素质主要表现为两个方面，一方面是个性心理特征，另一方面是个性心理倾向性。

③运动智能

运动智能主要指有关运动学科方面的知识，其中包括运动训练和运动比赛的能力，总体来说，习武者的运动智能越高，他们对武术的认识就会更加深入；相反，如果习武者的运能智能较低，他们就不能真正领会传统武术的基本动作。

④武德

从古至今，传统武术都非常强调对习武者武德的培养，良好的武德是习武者获得高水平的重要前提，如果心急浮躁、违背客观规律，是很难取得理想的训练效果的。

（2）教练员因素

①理论知识

古话说："师傅引进门，修行在个人。"这里的师傅就是当前我们所说的教练员，他们对习武者具有重要的指导作用。因此，作为专业的教练员，不仅要有精深的专业武术理论知识，还应具有科学的、系统的训练方法。这里专业的武术理论知识主要包括三方面的内容，分别是武术训练基本理论知识、运动训练社会学科知识、思维科学知识（如哲学、逻辑学等）和工具学科知识（如统计学、数学等）。

②专业素养

教练员的专业素养直接关系着习武者能否取得优秀的成绩，主要有三方面的内容，分别是专业知识、专业技能以及训练经验。只有符合专业素养要求的教练员才能在武术训练过程中对习武者进行有效的、科学的指导，这就需要高校通过多种途径，加强对教练员的专业素质培养。

③社会因素

社会因素主要有两个方面，分别是政府的支持程度和社会关注度，具体分析如下：

A.政府支持程度。传统武术要想取得长足的发展是离不开政府的支持的，因此政府加大在传统武术资金、群众基础、设施建设的投资将对传统武术的发展具有重要意义。另外，传统武术的发展还需要政府出台优惠政策，从而增加武术训练的参与人数。因此，通过多种方式来呼吁政府对传统武术更加重视，对促进传统武术有一个广阔的发展前景具有重要的现实意义。

B.社会关注度。随着当前人们对健康的重视，传统武术也逐渐成为广大人民群众喜爱的运动项目之一，但是对于专业的武术训练来说，却很少有人了解。而且，在经济全球化和文化多元化不断发展的当代，社会媒体在传统武术竞赛方面的宣传和重视程度远不及其他体育项目，这无形中阻碍了传统武术训练的顺利进行。

2.促进传统武术训练发展的措施

通过上述对传统武术训练现状的论述，我们知道了制约传统武术训练发展的关键因素，因此我们要做的就是具体问题具体分析，采取有效的措施，促进传统武术训练的发展。

（1）进一步增强训练方法的多样化

训练方法使用的是否合理对传统武术训练发展也至关重要。这就需要教练员在训练过程中，综合使用多种训练方法，通过组合两种甚至几种训练方法，促进习武者训练水平的提高。其中，武术训练方法的多样化，并非单靠教练员的日常积累和不断的探索与研究，还需要教练员审时度势，使用高科技产品，比如计算机训练法、电刺激法等训练方法，促进习武者整体素质的提高。这样，不仅优化创新了传统的训练方法，还有利于习武者获得理想的练习效果。

（2）将先进技术引入到传统武术的训练中

随着科学技术的不断发展，新的高科技产品也逐渐被用于传统武术训练中，这些高科技产品的引入，不仅提高了学生的训练效率，而且有助于学生提高自身训练水平。比如，教练员可以通过使用生理、生化指标来对习武者的运动量和运动强度加以控制，也可以通过使用先进测试仪器，对习武者的身体状况和运动负荷进行有效评价，这些都是有利于提高习武者训练水平的。在新时代背景下，训练科技化将是未来的一个重要发展趋势。

（3）进一步提高对以赛带练的重视程度

传统武术训练不能单单只靠大量的、重复性的练习来提高习武者的训练水平，除了单纯的训练外，教练员也可以通过以赛代练的方法来提高习武者的武术技能，通过以赛代练的方法，不仅有利于习武者及时了解自己现有的水平，还有助于提高习武者的竞技水平。

随着现代武术赛事的不断增加，习武者通过参与不同的赛事，在潜移默化中不断提高自己的武术竞技水平，这同时也是未来传统武术训练重点发展的方向。

三、传统武术竞赛体系理论与发展探索

（一）传统武术竞赛体系的基本理论

1. 武术竞赛的概念

所谓的武术竞赛，顾名思义就是指围绕武术运动开展的运动竞赛。武术竞赛

通常有两种类型，分别是武术套路竞赛和武术对抗竞赛。

众所周知，传统武术具有娱乐性、实用性、竞技性和审美性等特点，但是这些特点都需要通过竞赛的方式体现出来。同时，武术竞赛也是各个武术流派和拳种展现自己独特魅力的竞技场，举行武术竞赛将有利于中国传统武术的继承和发展。

2. 武术竞赛的管理

（1）制订赛事计划

赛事计划，就是准确预测武术竞赛时的人力、物力、财力和环境的状况，从而心中有一个大的方向。

（2）对赛事进行合理计划

武术竞赛组织首要解决的问题就是进行赛事计划，通过计划赛事，从而确保组织在产生、安排和组织实施竞赛时，能够有效避免一些紧急状况，继续稳定有序地进行比赛。

3. 控制赛事过程

赛事计划确定好之后，就要做好赛事的控制工作，武术竞赛要想顺利进行，控制好赛事过程是非常重要的。赛事过程的控制就是说在比赛中要处理好遇到的各种问题。如果赛事控制得好，不仅能够提高比赛的效率，而且有利于赛事的顺利进行。控制赛制过程一般有四种方法，分别是计划控制、目标控制、预算控制以及定额控制。这就需要负责人具体问题具体分析，从而有效解决比赛中遇到的突发事件，确保比赛顺利进行。

4. 赛事收尾与评价

（1）赛事收尾工作

武术竞赛结束后，赛事的相关部门需要做好收尾工作，具体包括以下几方面的内容。

①进行财务决算，核对账目。

②比赛场地卫生打扫及器具的拆卸。

③借调的人员返回原单位。

④归还器材、设备，还可以进行转让、出售和处理。

⑤移交、整理有关文档资料。

⑥比赛成绩编制和印发。

⑦向新闻单位发布运动竞赛的有关情况。

⑧竞赛工作总结，上报当地党政机关和上级体育部门。

（2）赛事评价工作

赛事评价工作具体包括对赛事的组织与管理的评价，赛事结果的评价以及赛事参与者的评价等，通过统计武术赛事比赛状况和评价相关内容，从而为下一次武术赛事的举行积累丰富的经验。

第三节　加强武术人才体系建设

一、武术人才体系建设的培养目标

（一）武术与民族传统体育人才观的多维性

一直以来，我国的传统体育教育人才培养目标都是从人文精神角度出发的，也就是说我国长期以来的体育发展目标是在中国优秀思想文化基础上提出来的，这些优秀的思想文化影响着中国传统体育教育事业的方方面面。其中，我国的人文价值与人文素质主要包括四个方面的内容，分别是掌握人文精神、理解人文意蕴、通晓人文方法、遵循人文精神。下面将进行简要的分析。

1. 掌握人文精神

人文精神作为人文素质的核心内容，是人类的文明和文化真谛。因此，如果一个人缺乏文化素质，将在社会上寸步难行，同时一个缺乏文化素质的人还会给社会带来潜在的危险，严重影响其他人的思想深度和思想广度，因此加强大学生人文素质培养是极其重要的，而作为文化素质的核心——人文精神，大学生更需要牢牢掌握。

2. 理解人文意蕴

我国的体育教学课程人才目标是站在人文精神的角度设立的，因此前提必然是要正确理解人文意蕴。正确地理解了人文意蕴，才能准确把握体育教育未来的发展方向，才能将文化思想贯穿于体育教学的方方面面。

3. 通晓人文方法

除了上述掌握人文精神内涵、理解人文意蕴外，还要通晓人文精神方法。只有掌握了人文精神方法，才能在教学过程中运用自如，获得理想的教育效果，也才能顺利实现教学目标。

4. 遵循人文精神

最重要的一点就是要遵循人文精神，仅仅掌握和理解人文精神是远远不够的，还要在教学的过程中，时刻遵循人文精神。这一过程也是对人文精神的进一步深化和加工。

（二）传统体育培养目标体系的构建

1. 传统体育培养目标的历史沿革

（1）民国时期

中华人民共和国成立之前，传统体育的教学内容主要以武术为主，在这一时期，体育人才培养目标为通才教育，这一人才培养目标主要受武术和师资队伍发展的影响。起初，经过学者的不断努力，许多学校开始加入旧有的武技。随着社会的不断发展进步，传统武术开始受到关注，也开始正式被纳入学校教育课程中，这一时期传统武术教育进入了发展阶段，学习武术的人不仅比之前有所增长，而且传统武术文化也得到了继承和发展。紧接着，传统武术的教学阵地得到改变，开始集中在学校，当时的体育高校还专门开设了武术课培养武术方面的人才，这为武术师资队伍的建设提供了坚实的物质基础。不仅如此，这一时期，国家还建立了专门的武术教育学校，对那些擅长体育而又全面发展的优秀教师进行培养，这从本质上说就是一种通才教育模式。在这人才培养模式下，学生不仅在武术方面获得了辉煌的成就，而且其他方面也得到了全面的发展。

（2）武术专业时期

中华人民共和国成立之后，传统武术得到了空前的发展，这一时期的武术教育也发生了翻天覆地的变化。为了适应新中国各方面的变化和各方面发展的需求，教育也在此背景下提出要培养专业人才的培养目标。一些体育院校，为了积极响应国家的号召，创办了中央体育学院，随后各地专门学习体育的院校也逐渐开始兴起。在此影响下，"专门人才"也逐渐成为本科教育的人才培养目标，这一人才培养目标不仅弥补了传统体育以武术教育为内容的人才培养目标的缺点，而且顺应了时代发展对专门人才需求的潮流，对我国体育人才培养目标的发展具有战略性指导意义。还有的体育院校，相继开设了有关武术的选修课，加大了传统武术在国民教育中的比重。

（3）民族传统教育专业时期

1997 年之后，随着"素质教育"的出现，我国的政治、经济、科技、文化等方面对素质人才的要求也越来越高，更加注重人才的全面综合素质的培养。由此，这一时期中国的各大体育院校开始将人才培养目标定位为"素质教育"。这一时期的人才培养目标相比"专才"的培养目标来说更加具有科学性和全面性。"专才"

的培养目标是为了当时的社会发展而提出来的，尽管在当时起到了重要作用，但是一些弊端逐渐显露出来，如文化水平不高、能力欠缺等。随着中国市场经济的发展，对人才多样化的需要也越来越大，"素质教育"孕育而生。不仅要求学生要精通武术方面的知识，还要懂得训练、管理、科研等，以及具备胜任各方面工作的能力和素质。

2. 当前培养目标存在的缺陷

（1）目标定位不合理

人才培养目标定位不合理不仅关系着人才质量的提高，而且还会影响社会的经济和政治的发展。其中，人才分为不同层次和种类，各行各业对人才的需要也是不同的，也就是说什么样的职位就需要什么样的人才，不同的人才必须要达到不同层次的标准。在20是60年代，传统体育的招生渠道和招生数量都有了较大改观，尤其是研究生的人数呈逐年增长的趋势，这一时期的人才培养模式基本满足了社会对高质量、高水平发展的人才的需求。因此，这一时期体育研究生的培养目标定位为"高级人才"，而本科体育生的培养目标定位为"后备人才"这两种人才培养目标存在着明显的差异。但事实上，在具体的实践中，高校研究生人才培养目标并没有与本科人才培养目标区别开来，还是统一地定位为"培养面向现代化、面向世界、面向未来，德、智、体、美全面发展的人才"。

（2）培养特色不鲜明

人才培养目标千篇一律，毫无创新不仅不利于人才的多样化发展，而且不利于体现高校的办学特色和专业优势。但是确立高校人才培养目标的关键因素还需要站在社会发展的角度，因为各级各类人才最终都是要回归社会，为社会作贡献的。因此，要想设立一个特色鲜明的人才培养目标模式，首先需要顺应社会发展的背景其次，结合自身的特点。只有这样，才能制定出符合本校发展的人才目标，才能培养出高水平的人才，也才能使其更好地服务社会，为社会作贡献。但是当前高校人才培养目标还是从思想、质量和职业的角度定位的，仍没有跳出教育部的教育大圈，难免存在大同小异的问题，这足以说明高校并没有从自身正视自己的问题，设立一个适合学校特色的人才培养目标。从当前高校制定的人才培养目标可以看出，没有一个给人耳目一新的感觉，大都存在千篇一律的问题。制定出符合本校特色的人才培养目标，不仅有利于广泛吸纳社会高素质人才，而且还有助于提升本校的声誉，促进本校体育教育的发展。因此，能否制定出适合本校的、特色鲜明的人才培养目标是当前高校亟待解决的重要问题。

二、武术后备人才的培养方式、类型与原则

（一）武术运动员后备人才培养方式

武术后备人才的培养需要坚持以专业性培养模式为主，从而培养出专业的竞技人才和教练人才。其中可以从以下两个方面入手。

1. 教育学校的专业性培养

这种人才培养的受教育主体为对武术感兴趣的小组或者武术专业队的组织，在专业教练的指导下，成为武术专业后备人才。这里的专业教练是具有武术专业特长的体育教师或者外聘专业武术教练等，他们利用自己的闲暇时间和体育课时间，对受教育者进行专门的训练。这种人才培养模式相比国家专业队培养模式，前者只是起到人才储备和初级培养的作用。

2. 专业体校的专业性培养

这种培养模式的受教育者多为具有武术天赋的少年儿童，他们在得到家长的同意后，可以进入专业体校或者专业队接受专业的培养。这种培养模式以培养竞技性武术人才为主，在不断的培训和发展中，他们通过各种性质与级别的武术比赛，为自己争得更多的表演机会。尽管他们成为世界冠军和国家冠军的几率非常

小，但是这种培养模式却能够为专业人才乃至各类冠军专业性的发展奠定良好的基础。

（二）武术运动员后备人才培养类型

1. 专业竞技人才

这种培养模式是指让武术运动后备人才成为专业竞技人才，从而使他们走向引导自己或者他人学习和训练武术的道路，这种人才培养模式有两种培养路径。

（1）综合性体校培养

可以通过初级的体育技术学校培养，也可以通过高等体育专业学校培养。在培养过程中，除了要传授丰富的武术理论知识外，还要不断提高他们武术竞技水平，鼓励他们多参加各种比赛，从他人身上吸取丰富的经验，从而取其精华，去其糟粕，为我所用，最终实现实战技术技能和级别的升级。比如实际专业队到升级专业队的升级等。

（2）专业武术队培养

专业武术队有市级、省级和国家队三种形式，每一个阶段的人才培养模式都有所不同，但是下级专业队有时既具有上级队培养人才的功能，也有独立的人才培养功能。这种人才培养模式能够为后备人才的培养、技术技能的创新提供有价值的理论依据。这种人才培养模式也是当前最为常用的主要模式。

2. 专业教育人才

（1）专业性的武术教师

专业性的武术教师的主要任务就是加强对习武者知识与技能的传授。因此专业性的武术教师只需要满足两个条件：首先必须要有精深的武术理论知识；其次，要有丰富的武术竞赛经验。只有这两方面同时满足，才能做好武术后备人才的培养工作。同时，专业性的武术教师可以是体育专业的人才，也可以是具有一定突出表现的竞技专业人才。对武术专业教师考核也只需要从两方面着手，首先是学生的理论知识掌握程度，其次是学生的武术技术动作是否符合教学要求。而对于他们是否能够发现和培养出专业的人才不做过高的要求。

（2）专业型的武术教练

专业型的武术教练，他们的主要任务就是培养专业的竞技人才，因此他们必须首先要具有丰富的竞赛经验，取得过优秀的成绩。只有这样，他们才能承担起通过技术技能和专业知识培训，顺利开展对竞技人才培养的工作。同时专业型的武术教练也是选拔和培养竞技人才的重要成员。

（三）武术运动员后备人才培养原则

依据体育科学与运动生理学的相关原理可知，并不是每一个习武者都能成为专业的武术人才，在具体实践中，除了要关注他们的外部条件外，还要注重对他们内部心理活动的培养，从而使他们成为合格的、高水平的专业武术人才。因此这就需要教师在武术运动员后备人才培养与选拔中，遵循以下三个原则。

1.因材施教

每一个武术后备人才都存在着智力、认知、情感、生理的差异，教师要尊重他们的差异，选择适合每一个学生的武术类型，从而使他们在正确的引导下获得理想的成绩，这样还有利于增强他们学习的积极性。

2.发现特长

教育者除了要善于发现武术后备人才的武术特长外，还要挖掘他们的其他长处，比如速度、耐力和灵敏性等，这些特长对于武术训练也是非常关键的，只要教师加以科学的开发和运用，必能使其成为德才兼备的人才。

3. 培养兴趣

武术运动作为一种既单调、乏味，又充满考验性的运动项目，如果习武者没有足够的勇气挑战自我，承受身体和精神煎熬的毅力的话，是很难在武术项目学习上获得成就的。因此，要想使武术后备人才自觉主动地加入训练中，教师的首要任务就是培养他们的兴趣，众所周知，兴趣是最好的老师，只有产生了兴趣，才会不断地取得进步。

参考文献

[1] 潘晓波.中国武术文化与旅游 [M].武汉：华中科学技术大学出版社，2021.

[2] 肖炜.蚌埠武术文化研究 [M].长春：吉林人民出版社，2019.

[3] 颜下里，龙海霞.峨眉武术文化读本 [M].天津：天津社会科学院出版社，
2018.

[4] 郭守靖.浙江武术文化研究 [M].北京：光明日报出版社，2015.

[5] 戴国斌.中国武术的文化生产 [M].上海：上海人民出版社，2015.

[6] 代流通，邵慧丽.高职校园武术文化现状研究 [J].现代职业教育，2020（17）：
56-57.

[7] 文凤.现代武术文化发展的困境与出路探析 [J].武术研究，2020（4）：31-34.

[8] 李虎，许婧扬，张紫薇.互联网背景下武术文化产业的构建 [J].文体用品与
科技，2020（2）：65-66.

[9] 黄丹萍.中国武术的文化精神 [J].时代教育，2017（20）：35.

[10] 李晓红，谢婷.浅谈武术的文化意象 [J].当代体育科技，2017（12）：201-
202.

[11] 刘旭，孙晋海.新时代中国武术文化发展研究 [J].体育文化导刊，2020（11）：
64-71.

[12] 王新.大数据时代梅山武术文化研究 [J].文化创新比较研究，2020（1）：
37-38.

[13] 韩海宾.武术文化的全球传播 [J].职工法律天地，2017（18）：293.

[14] 孔祥明."传统武术文化"解析 [J].黑河学院学报，2017（2）：219-220.

[15] 焦继东.少林武术文化品牌的培育与推广研究 [J].当代体育科技，2020（5）：
207，209.

[16] 郭志禹. 关于地域武术文化深究的思考 [J]. 少林与太极，2020（7）：42-43.

[17] 王钦. 新时代武术文化产业建设探析 [J]. 北京文化创意，2020（6）：44-49.

[18] 代流通，邵慧丽. 高职院校校园武术文化建设研究 [J]. 武术研究，2020（7）：25-28.

[19] 马文杰. 中国武术"和"的文化内涵研究综述 [J]. 中华武术，2020（8）：66-68.

[20] 郑薇娜，王宏. 武术文化使命研究 [J]. 体育文化导刊，2017（3）：72-76.

[21] 王翰林，李宇超. 近代北京武术文化空间的生成、建构与特征 [J]. 体育画报，2022（10）：5-6.

[22] 薛文传，薛奥传，王建强. 清代武术文化的历史性建构：简述文化成因与特点 [J]. 武术研究，2022（2）：34-37，42.

[23] 马新录，吴雅彬. 试论传统武术的文化特征 [J]. 新西部（中旬·理论版），2018（3）：156.

[24] 颜下里. 峨眉武术文化的开发研究 [J]. 科技视界，2018（21）：90-91，96.

[25] 王茜. 基于文化和社会变迁视角的武术文化传承 [J]. 中华武术，2022（2）：109-111.

[26] 李蒙蒙. 武术的文化价值促进高职院校学生养成教育研究 [J]. 中国多媒体与网络教学学报（中旬刊），2022（2）：41-44.

[27] 孟童欣，尹继林. 中华传统武术文化在东盟地区的传播 [J]. 体育科技，2022（1）：100-102.

[28] 高明，谢慧松. 武术文化研究进展探析 [J]. 体育文化导刊，2018（6）：10-14，41.

[29] 莫上崇，梁子财. 新媒体视域下中国武术文化传播研究 [J]. 文体用品与科技，2022（3）：1-2.

[30] 张震，金玉柱，陈新萌. 中国武术文化的三重映像 [J]. 体育文化与产业研究，2021（1）：148-167.